SAINT-RÉMY DE PROVENCE

AU MOYEN ÂGE,

PAR

M. DELOCHE.

EXTRAIT
DES MÉMOIRES DE L'ACADÉMIE DES INSCRIPTIONS ET BELLES-LETTRES,
TOME XXXIV, 1re PARTIE.

PARIS.
IMPRIMERIE NATIONALE.

LIBRAIRIE C. KLINCKSIECK, RUE DE LILLE, 11.

M DCCC XCII.

SAINT-REMY DE PROVENCE

AU MOYEN ÂGE.

SAINT-REMY DE PROVENCE

AU MOYEN ÂGE,

PAR

 M. DELOCHE.

EXTRAIT
DES MÉMOIRES DE L'ACADÉMIE DES INSCRIPTIONS ET BELLES-LETTRES,
TOME XXXIV, 1ʳᵉ PARTIE.

PARIS.
IMPRIMERIE NATIONALE.

LIBRAIRIE C. KLINCKSIECK, RUE DE LILLE, 11.

M DCCC XCII.

SAINT-REMY DE PROVENCE
AU MOYEN ÂGE.

LA VILLE, SES ÉGLISES ET SON PRIEURÉ.
LEURS RAPPORTS AVEC L'ABBAYE DE SAINT-REMI DE REIMS.
QUESTIONS D'IDENTIFICATION DE SAINT-REMY
AVEC DEUX LOCALITÉS DE L'ANTIQUITÉ ET DU MOYEN ÂGE.

CHAPITRE PREMIER.

OBSERVATIONS PRÉLIMINAIRES. — OBJET DU MÉMOIRE.

La présente étude historique a été provoquée par une question de numismatique. Des tiers de sou d'or mérovingiens, qui portent, au droit, la légende *Vico Santi Remi* ou *Remidi*, et qui étaient depuis longtemps attribués, presque sans conteste, à la petite ville de Saint-Remy (Bouches-du-Rhône), ont été, il y a quelques années, revendiqués par deux érudits pour le pays rémois[1].

J'ai consacré à l'examen de cette question un mémoire[2], où je crois avoir démontré les points suivants :

Première lecture :
5 et 12 septembre 1890
Deuxième lecture :
10 octobre 1890.

[1] M. Max Werly, *Numismatique rémoise*, in-8°, Paris, 1877. — M. Ch. Loriquet, *Triens mérovingiens du pays de Reims, à la légende Vico Santi Remi ou Remidi*, in-8°, Reims, 1880.

[2] Voir mon livre intitulé : *Études de numismatique mérovingienne*, in-8°, Paris, 1890, p. 87-143, et *Revue numismatique* 3ᵉ série, t. V, p. 119-178.

1° Trois des monnaies dont il s'agit ayant, au revers, dans le champ, les sigles AR ou AR-AT, qui sont des marques géographiques, celles de la cité métropolitaine d'Arles, ARELATE, il s'ensuit que le *Vicus Santi Remi* dépendait de ladite cité ou de sa province ecclésiastique;

2° Les sigles AN ou A et VN liées, inscrites sur l'une des trois pièces, désignent la cité d'AVENIO; le *Vicus Santi Remi* appartenait donc au diocèse d'Avignon, suffragant de la métropole arlésienne;

3° Or, on ne connaît pas dans l'ancien évêché d'Avignon, ni dans la province ecclésiastique d'Arles, ni même en aucune partie de la Provence, une autre localité que Saint-Remy, qui ait porté ce nom. Elle est conséquemment la seule qui réunisse les conditions nécessaires pour l'attribution des quatre triens en question.

Tels sont, très sommairement résumés, les points principaux de la démonstration contenue dans le mémoire précité. Elle implique l'existence de Saint-Remy comme centre de population, déjà ainsi appelé sous la première dynastie de nos rois.

Le présent travail a pour but de constater le même fait à l'aide des documents écrits, et d'établir les liens qui, durant la période gallo-franque comme dans la période féodale jusqu'en 1331, unirent la petite ville provençale et sa maison religieuse à l'abbaye rémoise.

Dom Marlot, dans son *Histoire de la ville, cité et université de Reims*[1], et, d'après lui, MM. Max Werly et Ch. Loriquet[2]

[1] T. II, p. 613. — [2] *Ubi supra*.

ont exprimé l'avis que le premier titre attestant le droit de propriété de Saint-Remi de Reims sur le bourg de Saint-Remy de Provence, est une charte de l'an 1100, qui aurait même été le titre constitutif de ce droit.

Nous ferons voir que c'est là une opinion erronée : que, d'après un texte formel, Saint-Remy était, au plus tard, dès le x⁰ siècle, un bourg fortifié, pourvu de plusieurs églises, et qui faisait ou avait fait partie du domaine de Saint-Remi de Reims; que, suivant des témoignages antérieurs à cette époque, il avait, dès le milieu du ix⁰ siècle au plus tard, appartenu à la grande abbaye rémoise, et que l'importance qu'il avait alors, impliquait une origine plus reculée; que les Rémois y possédaient, avant la charte de 1100, une maison religieuse, probablement un prieuré, dont cet acte avait seulement amélioré la situation matérielle.

Nous suivrons enfin les destinées du prieuré et du bourg de Saint-Remy aux xii⁰ et xiii⁰ siècles, et dans le xiv⁰ siècle, jusqu'au moment où le pape Jean XXII, ayant obtenu des Rémois l'abandon de leurs droits, convertit, par une bulle de 1331, la communauté provençale en un collège de chanoines, qu'il plaça sous sa juridiction immédiate, et qui subsistait encore à la fin du siècle dernier.

A la suite de cette étude historique, j'examinerai deux importantes questions, celles de l'identification de Saint-Remy, soit avec un lieu appelé, dans le haut moyen âge, *Fretus* ou *Freta*, soit avec le *Glanum* ou *Clanum* des Itinéraires romains.

L'histoire de notre petite ville, comme, au reste, celle de la plupart des cités provençales, est encore à faire, ainsi que l'a remarqué notre savant confrère M. Paul Meyer[1]. Aussi n'ai-je

---

[1] *Romania*, t. I, p. 60.

trouvé que peu de ressources chez les auteurs qui ont écrit sur cette partie de notre territoire. C'est dans des titres dont la plupart sont inédits ou qui n'ont été publiés que d'une manière incomplète, et qui figurent à l'Appendice du présent mémoire, que j'ai recueilli les éléments de mon travail. Les copies de ces actes ont été prises le plus souvent sur les originaux par trois érudits de haut mérite, en tête desquels j'ai le devoir de nommer M. Louis Blancard, archiviste en chef du département des Bouches-du-Rhône, correspondant de l'Académie des inscriptions et belles-lettres, qui, avec une obligeance égale à son grand savoir, m'a envoyé de fort utiles documents et des indications à l'aide desquelles j'ai pu éclaircir des points obscurs de topographie et d'archéologie. Je ne saurais assez lui dire ma reconnaissance pour son précieux concours.

Je suis également redevable à MM. L. Demaison, archiviste de la ville de Reims, et Duhamel, archiviste du département de Vaucluse, de nombreuses copies de pièces qu'ils ont bien voulu faire pour moi dans les riches dépôts confiés à leurs soins; je les prie de recevoir ici l'expression de ma gratitude.

CHAPITRE II.

SAINT-REMY DE PROVENCE SOUS LES DEUX PREMIÈRES RACES. SES RAPPORTS AVEC L'ABBAYE DE SAINT-REMI DE REIMS.

Par un diplôme donné le 8 décembre 964, à la demande des religieux du monastère de Montmajour, alors récemment fondé près d'Arles, le roi de Provence Conrad le Pacifique[1] les confirma dans la possession des biens qu'ils avaient reçus

[1] Conrad, qui, en 937, avait succédé, encore enfant, à Rodolfe II sur le trône d'Arles, ne commença à régner effectivement qu'en 943; il mourut en 993.

du pape Léon VIII[1], de l'empereur Othon et de l'impératrice Adélaïde[2] : « Il leur concède en outre, dit-il, ce que Boson, comte d'Arles, lui a restitué de la terre de Saint-Remi de France, et d'autres lieux qui sont dénommés. » « ...Et insuper hoc quod Boso, Arelatensis comes[3], nobis reddidit, illis concedendum de terra Sancti Remigii de Francia, et in ceteris locis taliter nuncupatis. » Suit une énumération, qui se termine par ces mots : « ...villam *Sancti Remigii, cum turribus et ecclesiis.* » « ...la ville ou bourgade de Saint-Remy, avec ses tours et ses églises[4]. »

Si l'on rapproche ces dernières expressions des mots *de terra Sancti Remigii de Francia,* on constate, en premier lieu, que, dès 964, Saint-Remy de Provence existait à l'état de forte bourgade; en second lieu, qu'il faisait partie des anciennes possessions provençales de l'abbaye de Saint-Remi de Reims.

Le fait de l'identité de la *villa Sancti Remigii* du diplôme de Conrad avec cette bourgade est d'autant plus certain et incontestable, que nous retrouvons ces mêmes termes employés pour la désigner, dans la sentence rendue, le 16 mai 1123, par le pape Calixte II, sur les contestations élevées entre l'abbaye rémoise et le monastère de Montmajour, au sujet de leurs droits respectifs sur le bourg de Saint-Remy et ses églises[5], et qu'on les remarque également dans une sentence

---

[1] Le pape Léon VIII, ordonné en 963, est mort en 965.

[2] Othon le Grand, couronné roi de Germanie en 936, et empereur en 962, avait épousé Adélaïde en 951.

[3] Cette mention s'applique à Boson, II° du nom, qui tint le comté d'Arles, de 948 à 968.

[4] Ce diplôme doit être daté de 964, et non de 963 ou de 965, comme l'ont écrit les précédents éditeurs, ni de 966, comme le porte l'exemplaire du XI° siècle, d'après lequel nous le reproduisons. Voir, à l'Appendice, n° II, le texte entier de cet acte important, à la suite duquel nous avons mis une note justificative de la date ci-dessus.

[5] N° X de l'Appendice.

de l'évêque d'Avignon, de 1153[1], ainsi que dans de nombreuses bulles des xiie et xiiie siècles, confirmatives de la sentence précitée de Calixte II[2]. Nous entrerons, plus bas[3], dans d'autres détails sur ce point.

Un autre renseignement précieux nous est fourni par le diplôme de 964, qui, en expliquant le fait du partage de la propriété du bourg de Saint-Remy entre Montmajour et l'abbaye rémoise, nous permettra de remonter plus loin dans le passé. Il y est dit que les moines de Montmajour ont sollicité et obtenu du roi la concession de ce que le comte d'Arles *lui a rendu*, « nobis reddidit », de la terre de Saint-Remi de France : d'où il ressort que cette portion de ladite terre avait été usurpée par Boson ou par l'un des comtes d'Arles, ses prédécesseurs.

Comment, à quelle époque et à quel titre cette usurpation avait-elle été consommée ?

Un document plus ancien nous aidera à répondre à ces questions. C'est une lettre adressée par Hincmar, qui fut archevêque de Reims de 845 à 882, date de sa mort, à Berthe, épouse du célèbre Gérard de Roussillon, qui fut comte d'Arles ou de Provence de 834 à 882. Dans cette lettre, qui est perdue, mais dont Flodoard nous a conservé une courte analyse, l'illustre prélat réclame l'intervention de la comtesse auprès de son époux « en faveur des possessions de l'église de Reims, situées en Provence, qu'il avait, dit-il, *confiées au comte Gérard pour être par lui protégées et administrées* », « pro rebus Ecclesiae sibi (Hincmaro) commissae, in Provincia sitis, *quas eidem Gerardo tuendas atque ordinandas commiserat*[4] ».

---

[1] N° XIV de l'Appendice.
[2] Voir, à l'Appendice, le n° XI, qui contient des extraits de quatre bulles, datées de 1119, 1126, 1145 et 1154.

[3] Chap. iii, *Saint-Remy de Provence au* xiie *siècle*.
[4] Flodoard, *Historia Ecclesiae Remensis*, lib. III, cap. xxv; dans Pertz, *Monum.*

Cette constitution d'un défenseur dut avoir lieu sous la pression d'un grand péril, probablement au moment de l'invasion des Normands qui, en 859, occupèrent le delta du Rhône et ravagèrent cruellement les pays riverains du fleuve; et l'on comprend aisément que l'archevêque de Reims ait choisi, pour protecteur et administrateur des biens de son église, le comte d'Arles, qui avait plus que tout autre, à sa disposition, les moyens d'action militaire ou civile nécessaires pour accomplir la double tâche qui lui était confiée.

Mais les services de ce genre, nous le savons par de nombreux exemples, étaient loin d'être gratuits; ils étaient, au contraire, chèrement payés; les églises et les monastères les achetaient souvent par la cession d'une partie des biens protégés [1].

German. histor., Scriptor., t. XIII, p. 550. Voici le texte entier du passage qui nous occupe et qui est placé sous la rubrique suivante, « *Quae aliquibus reginis scripta miserit* (Hincmarus) » : « Item Berthae, uxori Gerardi comitis, pro rebus Ecclesiae sibi commissae, in Provincia sitis, quas eidem Gerardo tuendas atque ordinandas commiserat; petens ut ipsa strenua sit interventrix apud conjugem suum pro rebus eisdem. » Le chapitre XXVIII du même livre contient l'analyse d'une autre missive d'Hincmar, relative aux domaines provençaux de l'église de Reims; elle est adressée : « Petro, fideli suo, pro rebus in Provincia consistentibus. » (*Ubi supra*, p. 553.)

[1] En voici deux exemples : D'après une notice contenue au cartulaire de l'abbaye de Saint-Martin-de-Tulle, les moines prirent pour défenseur de leurs biens un fils naturel du vicomte Adémar, leur ancien abbé laïque, alors décédé, et ils lui livrèrent, à ce titre, le château de Monceaux ou Mouceaux, situé entre Tulle et Argentat. A la suite du refus de ce personnage, ils demandèrent au vicomte de Turenne, Bernard Ier (936-957), de se charger de cet office, et le susdit château lui fut livré. « Expetierunt sibi Bernardum vicecomitem Torennae *ut defensaret*, et tradiderunt ei castrum suum *Mulsedonum*, cum cassania... » (Baluze, *Histor. Tutelensis*, Appendix, col. 345-346.) — Nous lisons, dans la chronique des abbés d'Aurillac, que, sous le gouvernement de l'abbé Géraud de Saint-Céré, le monastère abandonna 10,000 manses aux comtes de Turenne et de Carlat, et à d'autres seigneurs du Quercy et des pays voisins, pour se les attacher et obtenir, au besoin, leur assistance. « Metuens aliquos sibi insurrecturos, beneficio maluit alligare vicinos, quibus dereliquit decem millia mansos praeter oppida, videlicet comitibus Tureniensi, Carladensi et aliis ex Cadurcis partibus et ex vicinis no-

D'autres fois, et c'était le cas le plus fréquent, les défenseurs attitrés des maisons religieuses, ou leurs successeurs, s'emparaient violemment de portions plus ou moins considérables des possessions de celles-ci, qui se trouvaient à leur portée et à leur convenance [1].

Les choses s'étaient assurément ainsi passées à Saint-Remy; les termes du diplôme précité, de 964, ne laissent aucun doute à cet égard. On y lit, en effet, que le comte d'Arles Boson, successeur médiat du comte Gérard, a restitué « reddidit », aux mains du roi Conrad, ce qu'il détenait du domaine de Saint-Remi de Reims, « de terra Sancti Remigii de Francia », et nommément le bourg de Saint-Remy, « villam Sancti Remigii » [2]. Il est clair que le comte Boson, deuxième du nom, détenait *indûment* ce qu'il a *restitué,* et que le bourg qu'il a restitué appartenait antérieurement à l'abbaye rémoise, sur laquelle lui ou l'un de ses prédécesseurs l'avait usurpé.

Mais pourquoi, dira-t-on, le comte Boson, au lieu de faire la restitution à ce maître primitif, l'avait-il opérée entre les mains du roi Conrad?

Pour avoir la véritable raison de cette manière d'agir et des termes du diplôme de 964 qui s'y rapportent, il faut se représenter les circonstances dans lesquelles il fut préparé et rédigé. Le point de départ de ce diplôme est dans les actives démarches que les religieux du monastère établi depuis peu de

bilibus. » (Chronic. Aureliacens. abbatum; dans Mabillon, *Analecta actorum veterum*, p. 350.)

[1] « Primo tanquam oeconomi seu potius ecclesiarum patroni et defensores a clero constituti, postea processu temporis aucta cupidine, *totum jus sibi usurparent et terras omnes cum exteriore possessione sibi impudenter appropriarent,* solum altaria cum decimis et obventionibus clero relinquentes, et haec ipsa filiis suis clericis et cognatis assignantes. » (Silvester Giraldus, *Itinerar. Cambriae*, II, 4; cité par Du Cange, *Glossar.*, édit. Didot, t. I, p. 14, col. 1.)

[2] Appendice, n° II.

temps à Montmajour, dans la banlieue d'Arles, firent auprès du roi de Provence, pour en obtenir des concessions de biens[1]. Ce prince et le comte d'Arles, dont ils étaient les voisins immédiats, devaient être naturellement fort bienveillants pour eux, et beaucoup moins favorablement disposés à l'égard de l'abbaye de Reims, qui, par sa richesse, sa puissance et son éloignement, échappait à leur influence.

Or, le comte d'Arles, détenteur d'une partie de la propriété du bourg de Saint-Remy, usurpée sur son titulaire légitime, était dans l'impossibilité d'en disposer au profit d'un établissement religieux ou d'un tiers quelconque, qui serait toujours resté sous la menace et dans l'appréhension d'une revendication de la part du véritable propriétaire. C'est pourquoi les gens de Montmajour obtinrent d'abord du comte qu'il en fît la remise au roi, ou, pour être plus exact, ils obtinrent de la chancellerie royale qu'il fût dit, dans l'acte de concession de Conrad, que le comte avait restitué à ce prince ce qu'il détenait du domaine de Saint-Remi de Reims, « de terra Sancti Remigii de Francia ». Le souverain se trouvait ainsi, au moins en la forme, nanti d'un droit, dont il était, en vertu de la toute-puissance royale, en mesure de disposer désormais, et qu'il concédait, par le même instrument, aux religieux de Montmajour.

On voit par là le lien intime qui unit l'*acte de restitution attribué au comte*, et la concession royale, dont cet acte était le préliminaire obligé, en même temps que la raison des termes intentionnellement employés dans la rédaction du diplôme de 964.

Sous un autre rapport, ce diplôme a encore besoin d'explications.

[1] « Petierunt nostram regalem auctoritatem. »

D'après son contexte, il semblerait que la concession royale et la restitution qui l'avait précédée avaient eu pour objet : 1° *l'entière propriété du bourg de Saint-Remy*, ou des droits à percevoir sur tout le bourg; 2° *toutes les églises* qui y étaient établies, particulièrement l'église paroissiale et les droits paroissiaux, « villam Sancti Remigii, cum turribus et ecclesiis ». Et cependant il n'en avait pas été ainsi, tant s'en faut.

1° *En ce qui concerne les églises,* les moines de Montmajour n'acquirent, en réalité, par l'acte précité, qu'une seule des trois églises et chapelles que renfermait la ville.

Celle qui avait été construite dans la tour principale de Saint-Remy, par les soins de l'évêque d'Avignon et de ses chanoines, à une date qui nous est inconnue, mais qui est antérieure à l'an 1040, ne devint la propriété des religieux de Montmajour qu'après cette même année, en vertu de la concession qui leur en fut faite par l'évêque Rostan, premier du nom (1040 à 1074)[1], et qui est mentionnée dans une bulle sans date de Calixte II (1119-1124)[2].

Cette église ou chapelle, qui, dans les titres officiels, est ainsi alternativement qualifiée, était sous le vocable de la Sainte-Vierge, et portait, en dernier lieu, le titre d'église ou chapelle de Notre-Dame[3].

---

[1] L'évêque Rostan I" paraît avoir gouverné le diocèse d'Avignon de 1040 à 1074, peut-être même à 1080. Les auteurs du nouveau *Gallia Christiana* ont noté des libéralités par lui faites à Montmajour, en 1040 et 1053.

[2] Appendice, n° VIII. Dans cette bulle, l'édifice est ainsi qualifié et décrit : « Ecclesiam Sanctae Mariae ab antecessoribus eorum (Rostagni episcopi et canonicorum ecclesiae Avenionensis) in turri fundatam... Turris, cum cohaerente sibi porticu, et crypta inferius et superius, vobis vestrisque successoribus firmiter conservetur. »

[3] Presque toujours elle est qualifiée *capella* ou *ecclesia Sanctae Mariae*; mais la bulle précitée de Calixte II, sans autre date que celle du jour (8 des ides d'avril), dont on ne possède que la copie faite par Chantelou, a pour titre : « Calistus papa confir-

Quant à l'église paroissiale, dédiée à saint Martin, et aux droits parochiaux sur le bourg, ce n'est ni au roi, ni au comte d'Arles qu'ils appartenaient, mais à l'évêque d'Avignon, à la mense duquel ils étaient affectés lorsque ce prélat les donna, en 1100, à la petite communauté religieuse de Saint-Remy, dépendante de l'abbaye rémoise. Cela résulte non seulement de l'acte de donation de 1100 [1], mais de sentences papales et notamment de celle du 16 mai 1123, qui, à la suite de contestations agitées entre les abbayes de Montmajour et de Saint-Remi de Reims, maintint celle-ci en possession [2].

Si donc Montmajour était devenu, par l'acte de 964, propriétaire de l'église paroissiale, il faudrait supposer que, dans l'intervalle de 964 à 1100, il en aurait été dépossédé au profit de l'évêque d'Avignon. Or, on n'aperçoit aucun motif d'un fait pareil; dans tous les cas, il en serait resté un témoignage, une trace quelconque, et il n'en existe nulle part ni témoignage, ni trace d'aucune sorte. La supposition manque donc d'appui, et il y a lieu de conclure que l'évêque était resté, après 964, comme il l'était avant, propriétaire et possesseur de ladite église.

Reste la troisième église ou chapelle, dédiée à saint Pierre, et qui, dans le pays, garde le titre de *Saint-Pierre-le-Mévolier;*

---

mat ecclesiam *S^æ Mariae seu St Petri de villa Sancti Remigii.*» C'est la confirmation, au monastère de Montmajour, de l'église de la Sainte-Vierge, dont il est parlé dans la même bulle. La mention de ce double vocable s'explique par ce fait que le monastère de Montmajour, dont ladite église dépendait, était lui-même consacré à la Sainte-Vierge et à saint Pierre. On lit en effet dans un *privilegium* de Calixte II, en faveur de cette maison religieuse, daté du 9 avril 1123 : « Montismajoris monasterium, *quod beatae Mariae semper Virginis et beati Petri apostolorum principis nominibus dicatum est.*» (Appendice, n° IX.)

[1] Appendice, n° V.

[2] Voir, à l'Appendice, n° XXI, la note *Sur les anciennes églises ou chapelles de Saint-Remy.*

on en voit encore des ruines fort anciennes dans l'enceinte de la ville, au nord de l'église paroissiale. D'après les termes formels d'une bulle du pape Jean XXII, qui l'unit, en 1318, à l'église d'Avignon [1], elle dépendait alors du monastère de Montmajour, lequel était aussi sous l'invocation du prince des apôtres.

Rien n'empêche de penser que cette maison religieuse possédait l'église ou chapelle dont il s'agit depuis le Xe siècle, en vertu du diplôme du roi Conrad [2].

Mais là se bornerait, en ce qui touche les églises de Saint-Remy, l'acquisition faite, en 964, par les moines de Montmajour.

2° *Relativement à la propriété du bourg de Saint-Remy*, c'est-à-dire des droits à y percevoir [3], le monastère de Montmajour devint, par le fait de la concession royale de 964, titulaire de la moitié seulement de cette propriété et non de l'intégralité, comme l'impliqueraient ces expressions « villam Sancti Remigii, cum turribus et ecclesiis ». En effet, nous savons, avec certitude, qu'au 16 mai 1123, date de la sentence, déjà citée, de Calixte II [4], et avant cette époque (puisque la sentence ne fait que constater un droit et un fait), les Rémois étaient en possession incontestée *de la moitié de la propriété du bourg*, l'autre moitié étant à Montmajour.

Comme cette propriété partielle était absolument indépendante de celle de l'église paroissiale, qu'ils reçurent, en 1100, de l'évêque Arbert; comme, d'autre part, on ne connaît aucun acte qui, de 964 à 1123, en eût investi les Rémois, au préju-

---

[1] Appendice, n° XVII.
[2] Voir, à ce sujet, Appendice, n° XXI.
[3] Tels que le cens exigible des habitants, les droits de voirie, de marché, de poids et mesures, de ban, etc.
[4] Appendice, n° X.

dice de Montmajour; comme il est dit, enfin, dans le diplôme de 964, que les biens *restitués* par le comte d'Arles et cédés par Conrad à Montmajour (parmi lesquels était le bourg de Saint-Remy), provenaient du *domaine de Saint-Remi de Reims* [1], sur lequel ils avaient été usurpés, il nous paraît manifeste que la *moitié de la propriété du bourg*, que nous retrouvons, en 1123, au pouvoir de l'abbaye rémoise, représentait ce qui lui restait après ladite usurpation des comtes d'Arles.

Nous sommes, conséquemment, en droit de conclure que l'abbaye rémoise était anciennement propriétaire *de la totalité du bourg de Saint-Remy*, et qu'en réalité, les moines de Montmajour n'en avaient reçu que la moitié, des mains du roi de Provence.

Nous avons dit plus haut que le nom de « villa Sancti Remigii », donné à cette localité dans le diplôme de 964, et qu'elle portait sans aucun doute avant cette date, ne lui était point venu du saint patron de son église, comme l'ont cru, à la suite de Dom Marlot, l'auteur de la *Statistique des Bouches-du-Rhône* [2], et MM. Loriquet et Max Werly. En effet, son église paroissiale n'était point sous le vocable de saint Remi, qu'aucun document ne lui donne pour patron, mais sous le vocable de saint Martin, ainsi que l'attestent : 1° la sentence déjà citée du pape Calixte II, de 1123, où elle est qualifiée « matrix sancti Martini ecclesia de villa Sancti Remigii [3] »; 2° une charte de Geoffroy, évêque d'Avignon, de 1153, où il est dit : « totum jus parochiale predicte ville Sancti Remigii ecclesie sancti Martini, que sub jurisdictione Remensium est [4] »; 3° des bulles d'Hono-

---

[1] « De terra Sancti Remigii de Francia. » — [2] Il y est dit en effet : « Une église avait été bâtie sous l'invocation de saint Remi, avec le titre de prieuré. » — [3] Appendice, n° X. — [4] Appendice, n° XIV.

rius II (1126), Eugène III (1145) et Adrien IV (1154)[1]; 4° une bulle d'Alexandre III (1159-1181)[2].

Enfin, le Nécrologe de Saint-Remi de Reims contient un article relatif à plusieurs personnages, parmi lesquels se trouve l'évêque Arbert; une note, écrite en marge au XIIIe siècle, nous apprend que l'église donnée par ce prélat, dans le bourg de Saint-Remy, avait saint Martin pour patron : «Qui Arbertus ecclesiam *sancti M[artini]*, in Provincia sitam, in [villa] Sancti Remigii, nobis dedit.» Les lettres mises entre crochets sont aujourd'hui illisibles par suite de l'usure des coins inférieurs du manuscrit, mais il nous a été facile de les restituer, au moyen du nouveau *Gallia Christiana*, dans lequel, au commencement du siècle dernier, on a pu reproduire intégralement la note dont il s'agit, le document étant alors en meilleur état de conservation [3].

Cette restitution ne saurait d'ailleurs faire l'objet d'un doute en présence des actes nombreux et formels que nous avons cités plus haut.

Outre l'église paroissiale, Saint-Remy contenait, ainsi qu'on l'a vu plus haut, deux églises ou chapelles appartenant aux religieux de Montmajour; mais elles étaient consacrées, l'une à la Sainte-Vierge, l'autre à saint Pierre [4].

De ce qui précède, il résulte qu'aucune des églises et chapelles de Saint-Remy n'a eu pour patron l'illustre catéchiste de Clovis, et que la bourgade n'a pu, conséquemment, tirer

---

[1] Le n° XI de l'Appendice contient des extraits des trois bulles citées.
[2] Appendice, n° XV.
[3] Le n° XII de l'Appendice contient, avec le texte du Nécrologe et de la note marginale que portait l'original, la reproduction que les Bénédictins en ont donnée en 1715.
[4] Voir, à l'Appendice, n° XXI, la note relative aux anciennes églises et chapelles de Saint-Remy.

de là le nom qu'elle a porté dès le haut moyen âge, et qu'elle a conservé depuis.

D'où ce nom lui est-il donc venu ? Il faut rappeler ici les termes du diplôme de 964, où il est parlé de la restitution, par le comte d'Arles, de ce qu'il détenait du domaine de Saint-Remi de Reims, « de terra Sancti Remigii de Francia », dans lequel était comprise la bourgade de Saint-Remy. Il paraît tout naturel de penser que, du domaine, le nom passa à la bourgade, qui en était le centre principal.

Les actes du xe siècle et des siècles suivants, où Saint-Remy est mentionné, le qualifient, tantôt et le plus souvent de *villa*, tantôt *castrum Sancti Remigii*[(1)]. Les monnaies des vi[e] et viie siècles le qualifient de *vicus*. Mais il n'y a pas à s'en étonner; nous savons que beaucoup de localités, qui avaient, à l'époque mérovingienne et sur les monnaies, le titre de *vicus*, le remplacèrent par celui de *villa*. En outre, l'expression de *villa* a été souvent employée, durant le haut moyen âge, dans le sens de *vicus*[(2)], qu'impliquent d'ailleurs, dans l'espèce, ces mots du diplôme de 964 : « villam Sancti Remigii, *cum turribus et ecclesiis* ». Ces termes ne permettent point, en effet, de douter que cette bourgade, fortifiée et pourvue de plusieurs églises,

---

[(1)] Voir, à l'Appendice, n° XIII, une bulle d'Eugène III, de 1152, où il est fait mention du « *castrum* Sancti Remigii ».

[(2)] Hadrien de Valois s'explique, en plusieurs endroits, au sujet de l'emploi indifférent de *vicus* et de *villa* pour désigner des centres de population de même importance : « Plurimi vici *villarum* appellatione designantur » (*Notit. Galliar.*, præfat., p. xx); et, à propos de *Longa Villa* :

« *Vicus* et *villa* nostris et latinis etiam scriptoribus ante annos mcc una eademque res est » (*ibid.*, p. 283, col. 1). Valois a exposé comment une *villa* agréable ou opulente, s'annexant graduellement des constructions voisines et même de plus petites villas, devenait un *vicus*, tout en gardant son titre primitif (*ibid.*, præfat., p. xx).

3.

eût alors une importance très supérieure à celle d'une *villa*, et en rapport avec celle d'un *vicus*.

Cette importance, qu'elle n'avait pu acquérir en peu d'années, nous commande d'en faire remonter l'existence à des temps antérieurs à la date des documents de la période carolingienne, où elle est mentionnée, et de la considérer comme contemporaine de la première dynastie.

Et maintenant convient-il de rapprocher ce qui vient d'être dit d'un passage du deuxième testament attribué à saint Remi, par lequel le saint évêque aurait légué des biens situés en Provence, à son église et au lieu où son corps devait reposer [1]?

Ce deuxième testament, que Flodoard a inséré dans son *Histoire de l'Église de Reims*, est tout au moins (cela est reconnu) largement interpolé, et n'a, dès lors, qu'une bien faible autorité [2]. A la vérité, il est généralement admis comme probable que l'on connaissait, au IXe siècle, une rédaction plus développée que celle du testament primitif, et qui aurait contenu la mention de possessions provençales, léguées par le testateur [3]. Le nombre et la valeur considérable des biens que les Rémois avaient dans cette région et particulièrement dans

---

[1] Voici le texte de ce passage : « Res etiam quas sæpe dictus rex, piissimusque princeps, tibi (Ecclesiæ Remensi) in Septimania et Aquitania concessit, et *eas quas in Provincia Benedictus quidam* (cujus filiam, mihi ab Alarico missam, gratia Sancti Spiritus per impositionem manus meæ peccatricis, non solum a diabolicæ fraudis vinculo, sed ab inferis revocavi), ad usum luminis tui et loci ubi corpus meum jacerit, continuatim deservire præcipio. » Ce deuxième testament de saint Remi, daté de 535, et plus développé que le premier, qui est daté de 533 (Pardessus, *Diplom. et chart.*, t. I, p. 81-84), a été inséré par Flodoard, chanoine de Reims († 966) dans son *Histoire de l'église de Reims*, tit. I, chap. XVIII, et reproduit dans Pardessus, loc. cit., p. 84-91.

[2] Pardessus, *Diplom. et chart.*, t. I, p. 84, note 1.

[3] *Idem, loc. cit.*

les diocèses d'Aix et d'Avignon[1], au xiie siècle, viennent à l'appui de cette opinion.

Mais le témoignage fourni par ce deuxième testament serait toujours discutable, et nous y insisterons d'autant moins que, sans y avoir recours, nous avons démontré d'une façon qui nous paraît convaincante, que Saint-Remy de Provence existait *assurément* à l'état de bourgade, au commencement du ixe siècle, et, suivant toutes les probabilités, sous le règne des descendants de Clovis.

Cette conclusion, à laquelle nous ont conduit l'étude des documents écrits et l'enchaînement des événements historiques, est confirmée d'une façon remarquable par la numismatique. Nous avons parlé, en tête du présent mémoire, d'un travail publié par nous, touchant des monnaies mérovingiennes à la légende *Vico Santi Remi* ou *Remidi*[2], dont l'attribution au bourg de Saint-Remy de Provence nous paraît établie avec une entière certitude. De ce travail numismatique ressort la preuve que, durant la période mérovingienne, on frappa des monnaies en or, portant en légende le nom de la bourgade provençale, et fabriquées, sinon dans cette localité même, du moins dans la cité métropolitaine d'Arles, dont elle dépendait et dans le voisinage immédiat de laquelle elle était située.

---

[1] Voir le n° XI de l'Appendice.
[2] *Études de numismatique mérovingienne*, in-8°, Paris, 1890, p. 87, et *Rev. num.*, 3e série, t. V, année 1887, p. 119. Voir plus haut, chapitre i, un résumé sommaire des parties essentielles de ce travail.

CHAPITRE III.

SAINT-REMY DE PROVENCE AU XIIᵉ SIÈCLE. — SES ÉGLISES ET SON PRIEURÉ.

Nous avons vu, dans le chapitre précédent, que Saint-Remy existait *comme dépendance de l'abbaye de Saint-Remi de Reims*, au plus tard dans la première moitié du ixᵉ siècle. Nous sommes ainsi bien loin de la thèse de MM. Ch. Loriquet et Max Werly, qui rapportent la plus ancienne mention et même le titre constitutif des droits de l'abbaye, à la charte de donation consentie, en 1100, par l'évêque d'Avignon. Nous nous proposons de démontrer maintenant qu'antérieurement à ladite charte, les Rémois possédaient, avec notre bourgade, une maison religieuse qui y était établie, et que le système contraire repose sur une fausse interprétation de cet acte.

Voici comment Dom Marlot s'exprime à ce sujet : « L'abbé Azenare (de Saint-Remi de Reims) est le vray instituteur de cet ancien prieuré (Saint-Remy de Provence) : car sachant qu'il y avoit une église portant le nom du glorieux saint Remy, au diocèse d'Avignon, grandement commode pour la demeure de quelques religieux, picqué du désir de l'accroissement de son abbaye et de la gloire de l'ordre, supplia très instamment le très digne évesque Arbert de luy accorder cette église, comme il fit... [1]. »

M. Ch. Loriquet, après avoir signalé l'absence, dans le Polyptyque de Saint-Remi de Reims, de toute mention d'une possession de cette abbaye en Provence, paraphrase, en ces termes, le récit de Dom Marlot : « A cette date (1100), l'abbé de Saint-Remi Azenare, sachant qu'il y avait en Provence une église

---

[1] *Hist. de la ville, cité et université de Reims*, par le R. P. D. Marlot, grand prieur de l'abbaye de Saint-Nicaise de Reims, in-4°, t. II, p. 613.

dédiée à saint Remy et possibilité d'y placer quelques moines, obtint de l'archevêque (*sic*) d'Avignon[1] la cession de cette église avec ses dépendances, etc. Ce fait est relaté dans la charte accordée, à la même date, par l'archevêque d'Avignon (Cartul. B. de S.-Remi, p. 84). Les termes de la concession ne vont pas au delà de ce que nous avons dit : *Ecclesiam Sancti Remigii, cum capella, etc.;* ils n'indiquent même pas où cela est situé, sinon, d'une manière vague et générale, que c'est en Provence et dans le diocèse d'Avignon, sans désignation de lieu, sans aucun souvenir de la donation des biens laissés dans le pays par S. Remy...

« Ainsi, conclut l'honorable écrivain, d'une part, il n'est pas fait mention, au Polyptyque, de biens situés en Provence; d'autre part, le seul document qui prouve l'existence de ces biens ne remonte pas au delà de 1100, et il y a lieu de penser que le nom de Saint-Remy, donné à une localité du diocèse d'Avignon, n'est pas antérieur[2]. »

De son côté, M. Max Werly avait précédemment exposé la même thèse, appuyée sur des renseignements qu'il déclarait tenir de M. Loriquet[3].

Avant d'entreprendre la discussion du sens et de la portée attribués à la charte de l'évêque Arbert, il convient de s'expliquer sur l'argument tiré du silence du Polyptyque de Reims touchant le domaine provençal de l'abbaye rémoise.

---

[1] M. Loriquet a commis là une erreur historique. Le diocèse d'Avignon était, au XIIe siècle, suffragant de la province d'Arles, et cette cité ne fut érigée en métropole que dans l'année 1475, par une bulle du pape Sixte IV, qui lui subordonna les évêchés de Valence, Carpentras et Cavaillon. Voir, à ce sujet, le nouveau *Gallia Christiana*, t. 1, col. 829.

[2] *Triens mérov. du pays de Reims, à la légende Vico Santi Remi ou Santi Remidi*, in-8°, Reims, 1880.

[3] *Numismatique rémoise*, in-8°, Paris, 1877.

Nous savons par notre savant confrère M. A. Longnon, que si la dernière rédaction du Polyptyque de Saint-Remi descend au XIe siècle, la partie relative au dénombrement des fiscs situés dans le Rémois et le Laonnais remonte au IXe siècle, et ne paraît pas avoir subi de modifications notables. Or, l'on ne trouve dans ce volume la mention d'aucuns des biens que Saint-Remi avait dans les provinces autres que le Rémois et le Laonnais, d'où il résulte nécessairement que la description de ces derniers était contenue dans un ou même peut-être plusieurs autres volumes, aujourd'hui perdus.

On comprend très bien, dès lors, que le *manuscrit existant* soit muet *sur les possessions provençales*, comme sur toutes celles qui étaient dans les parties de la Gaule autres que le Rémois et le Laonnais; et l'on voit ainsi que, dans l'espèce, l'argument tiré de ce silence est absolument sans valeur.

Passons à l'examen de la charte de l'évêque Arbert.

Pour faire ressortir sa véritable signification, je vais en donner une traduction *littérale* :

« L'abbé de Saint-Remy et ses moines se présentant, en la personne de délégués, ont demandé, avec supplications, que nous leur concédions quelque chose de la mense épiscopale. Et, comme il appartient aux hommes pieux et religieux de protéger la vie des serviteurs de Dieu, et de soulager, autant qu'ils le peuvent, leur pauvreté, Nous, Arbert, évêque d'Avignon, avec le conseil de nos chanoines, accédant à leur requête, nous leur concédons l'église de Saint-Remy, avec chapelle[1], cimetière, oblations, dîmes, prémices, aleux, et toutes

---

[1] Cette chapelle, qui était sans doute contenue dans l'église paroissiale, ou en était, en tout cas, une dépendance immédiate, n'a point de rapport avec les deux églises ou chapelles de la Sainte-Vierge et de Saint-Pierre-le-Mévolier, »

appartenances, sous la condition qu'ils paieront, à titre de cens annuel, à l'évêque d'Avignon, cinq sous de Melgueil, et rendront en toutes choses obéissance à la mère église, étant en outre réservé dans la susdite église la moitié de toutes les dîmes, laquelle doit être partagée, conformément aux sacrés canons, entre l'évêque et les pauvres; qu'enfin la dignité épiscopale et le respect qui lui est dû soient sauvegardés. » Suit la formule ordinaire des anathèmes prononcés contre celui qui ira à l'encontre de cette donation [1].

La première observation que suggère la lecture de l'acte ainsi fidèlement traduit, c'est qu'il ne contient rien qui justifie le récit de Dom Marlot et les paraphrases de M. Loriquet. Il n'y est question, ni de maison religieuse à fonder, ni d'église commode pour recevoir des moines, ni même d'église dédiée à saint Remi : les mots *ecclesiam Sancti Remigii* qu'on a ainsi entendus, signifient « l'église du bourg de Saint-Remy ». Il est en effet de toute certitude que ni l'église *paroissiale*, «ecclesia matrix», concédée par la charte de 1100, ni les deux autres églises ou chapelles existant dans cette localité, n'avaient pour patron saint Remi; elles étaient dédiées, la première à saint Martin, et les deux autres à la Sainte-Vierge et à saint Pierre : nous en avons fourni, quelques pages plus haut, des preuves nombreuses et irrécusables, et nous n'avons qu'à nous référer, sur ce point, à ce qui en est dit dans le précédent chapitre [2].

Au fond, il ne s'agit point, dans la charte de 1100, d'un établissement à créer. Le contexte de cet acte en exclut l'idée. Nous y voyons que la donation est faite pour soulager la misère et préserver l'existence de religieux pressés par les nécessités

---

partenant aux moines de Montmajour. Voir ci-dessus, chapitre II, p. 62-64, et à l'Appendice, n° XXI.

[1] Voir le texte de cette charte à l'Appendice, n° V.
[2] Voir ci-dessus, p. 65-66.

de la vie, « Dei servorum vitam tueri eorumque inopiam sublevare ». Il est bien évident qu'on a voulu parler ici de religieux établis, et non des futurs habitants d'une maison à fonder. On ne *protège* pas la vie (*tueri vitam*) de personnes non existantes; on ne *soulage* pas (*sublevare inopiam*) des misères à venir.

Comprendrait-on d'ailleurs une démarche et des prières faites en vue du projet insensé d'installer, sur un point déterminé, des moines que les pétitionnaires déclareraient eux-mêmes voués d'avance aux souffrances de la faim? Cela est tellement contraire à toute raison, que l'on ne s'explique pas que les interprètes de ce titre n'aient pas reculé devant une semblable hypothèse.

S'il est absolument inadmissible, comme cela nous paraît manifeste, que la charte d'Arbert ait eu pour objet la fondation d'une maison religieuse à Saint-Remy, il est également inacceptable que le haut dignitaire qui gouvernait la riche et puissante abbaye de Reims, fût venu, avec ses moines, quémander *en suppliants*, « suppliciter », auprès de l'évêque d'Avignon une portion de sa mense épiscopale pour une de ses dépendances en détresse. Aussi faut-il croire que les requérants n'étaient autres que les habitants besogneux d'une modeste communauté existant à Saint-Remy. En tout cas, il est à remarquer que ces personnages se présentaient devant l'évêque par l'intermédiaire de délégués, *per legatos*, et si l'on voulait absolument voir dans l'*abbas Sancti Remigii cum monachis*, la désignation de l'abbé et des moines de Saint-Remi de Reims, les comparants ne seraient indubitablement que des religieux d'un pauvre couvent ou prieuré de la petite ville provençale, directement intéressés au succès d'une requête probablement spontanée, peut-être même faite à l'insu de la maison mère. On s'explique alors l'humble attitude des postulants et le ton de commisération un peu hautain du donateur, qui se remarquent dans le texte de la charte, et qui seraient sans cela incompréhensibles.

A partir de la donation de l'évêque Arbert, qui investit le groupe de religieux établi à Saint-Remy et, par ce groupe, l'abbaye rémoise, de la propriété *de l'église paroissiale et des droits parochiaux du bourg tout entier*, sa situation fut notablement et heureusement améliorée. Aussi voyons-nous les Rémois intervenir activement pour défendre ses droits contre le monastère de Montmajour leur copropriétaire : mais la lutte porta exclusivement sur les droits respectifs des deux parties contendantes au sujet des *revenus ecclésiastiques*.

Nous avons vu plus haut qu'avec l'église ou chapelle de Saint-Pierre-le-Mévolier, les moines de Montmajour possédaient une chapelle de la Sainte-Vierge. A cette chapelle venaient, en grand nombre, des femmes relevant de couches, qui y acquittaient les vœux qu'elles avaient faits avant ou pendant l'enfantement. Les moines de Montmajour y célébraient sans doute, ou du moins ils élevèrent la prétention d'y célébrer l'office divin et d'y procéder à l'ordination.

Ces pratiques ou ces prétentions étaient combattues par les représentants de Saint-Remi de Reims, qui, en qualité de légitimes propriétaires de l'église paroissiale, « ecclesia matrix », soutenaient qu'à eux seuls appartenait le *jus parochiale*, c'est-à-dire le droit d'administrer les sacrements et de vaquer aux offices et cérémonies ordinaires du culte[1]. Ces contestations, nées pendant le pontificat de Pascal II (1100-1118), et continuées sous Gélase II (1118-1119), duraient encore sous Calixte II, en dépit des décisions et des lettres apostoliques de

---

[1] Cf., sur le sens d'*ecclesia matrix*, Du Cange, *Glossar.*, édit. Didot, t. III, p. 5, col. 3.

ses prédécesseurs; elles menaçaient de se perpétuer, lorsque Calixte rendit, le 16 mai 1123, une sentence destinée à y mettre un terme, et qui paraît avoir eu un caractère définitif, car elle servit de base à toutes les décisions ou injonctions subséquentes de la cour de Rome.

Dans le préambule de cette sentence, il est dit que le litige a pour objet ladite église paroissiale et les concessions de l'évêque Arbert, « juxta bonae memoriae Arberti Avenionensis episcopi concessiones ».

Le dispositif, que nous traduisons, en est ainsi conçu : « que l'église paroissiale, *ecclesia matrix*, de Saint Martin de la ville de Saint-Remy, avec la moitié de cette ville, reste à perpétuité sous la juridiction et en la possession du monastère de Saint-Remi, et que le monastère de Montmajour ait la propriété paisible et incontestée de l'autre moitié avec la chapelle de Sainte Marie, de manière toutefois que tous les droits parochiaux de toute la ville, *parrochialia omnia de tota omnino villa*[1], restent à ladite église paroissiale. Si les femmes relevant de couches se rendent à ladite chapelle par dévotion à la sainte mère de Dieu toujours vierge Marie, nous concédons qu'elles acquittent leurs vœux[2]. »

Une décision rendue, en 1153, sur mandement du pape Eugène III, par Geoffroi évêque d'Avignon[3], et sanctionnée, en 1160-1181, par Alexandre III[4], confirme la sentence de Calixte II, en y ajoutant quelques dispositions, telles que l'admission des accoucheuses[5], en même temps que des nouvelles

---

[1] Ces expressions sont remplacées par : « totum jus parrochiale memoratae villae Sancti Remigii », dans les sentences de l'évêque Geoffroi (1153) et du pape Alexandre III (1159-1181).

[2] Appendice, n° X.
[3] Appendice, n° XIV.
[4] Appendice, n° XV.
[5] « Ut... obstetricum suarum oblationes tantum recipiant. »

accouchées, à acquitter leurs vœux à la chapelle, et l'interdiction aux moines de Montmajour de sonner la cloche plus d'une fois pour appeler leurs serviteurs, *familia*, et de recevoir dans la chapelle des personnes étrangères à cette *familia*, ou d'autres que les femmes désignées ci-dessus.

Des titres précités il convient de rapprocher ceux qui furent accordés par le souverain pontife au monastère de Montmajour. C'est d'abord une bulle sans date de Calixte II (1119-1124), qui constate que l'église de la Sainte-Vierge (qualifiée *chapelle* dans les titres rémois) avait été fondée par les évêques d'Avignon dans la tour de Saint-Remy et concédée par eux à Montmajour, ainsi qu'un portique attenant à la tour, et les cryptes inférieure et supérieure. Le pape permet que les fidèles viennent accomplir des vœux dans ladite église [1].

Un *privilegium* du pape Eugène III, de 1152, mentionne parmi les biens de Montmajour la moitié du « castrum » de Saint-Remy, la tour et la chapelle de Sainte-Marie avec ses dîmes et appartenances [2].

En résumé, d'après les actes relatés et l'exposé contenu dans ce chapitre et dans celui qui précède, nous tenons pour acquis les faits suivants :

1° Avant la donation de 1100 et au moment de cette donation, l'abbaye de Saint-Remi de Reims possédait une communauté religieuse à Saint-Remy de Provence.

2° Les concessions *épiscopales* dans le bourg de Saint-Remy se bornèrent, savoir : pour ladite communauté ou la maison mère, à l'église paroissiale dédiée à saint Martin; et pour le monastère de Montmajour, à la chapelle ou église de la Sainte-

---

[1] Appendice, n° VIII. — [2] Appendice, n° XIII.

Vierge, qui lui avait été donnée, au xɪ^e siècle, par l'évêque Rostan, et lui fut confirmée, au xɪɪ^e siècle, par le pape Calixte II.

3° La possession par moitié entre les Rémois et Montmajour, de la propriété de la bourgade même, c'est-à-dire des droits à y percevoir, était un fait indépendant de la donation de 1100 et de toute concession épiscopale.

4° La part de Montmajour lui venait du diplôme royal de 964, portant concession de ce qui avait été usurpé au ɪx^e ou au xe siècle, sur l'abbaye de Reims, par les comtes d'Arles et remis par ces derniers aux mains du roi.

5° La moitié afférente aux Rémois représentait ce qui leur était resté après ladite usurpation, et qu'ils n'avaient cessé de détenir.

6° Enfin, c'est en vertu du même diplôme que les moines de Montmajour possédaient l'église ou chapelle de Saint-Pierre, qu'ils cédèrent, en 1318, au pape Jean XXII.

Avant de clore ce chapitre, il n'est pas sans intérêt de noter qu'il existait, à la fin du xɪɪ^e siècle, une famille portant le nom de la bourgade de Saint-Remy. On voit figurer, en effet, comme témoin dans une charte de Pierre, archevêque d'Arles, datée de 1186, un personnage appelé « Bertrandus de Sancto Remigio », et qualifié de *vestiarius* [1].

---

[1] *Nov. Gallia christiana*, t. 1, instrum., p. 100, col. 1.

CHAPITRE IV.

SAINT-REMY ET SON PRIEURÉ DEPUIS LE MILIEU DU XIIe SIÈCLE JUSQU'EN 1331. — SON TITRE DE VILLE ROYALE ET SES INSTITUTIONS MUNICIPALES.

§ 1er.
Le prieuré.

En l'absence de documents relatifs à la petite communauté qui existait à Saint-Remy, lorsque la donation de l'évêque Arbert, de 1100, la fit sortir de son état de pénurie, nous n'avons pu faire connaître, dans le précédent chapitre, en quoi elle consistait avant cet acte de libéralité et dans le demi-siècle qui le suivit.

Il faut descendre à l'année 1153 pour trouver une indication sur ce sujet. La sentence rendue, à cette date, par l'évêque Geoffroi et citée plus haut, nous apprend que l'établissement dont il s'agit était un prieuré. Cette sentence porte, en effet, qu'elle fut reçue et approuvée notamment par *le prieur de Saint-Remy*, « priore Sancti Remigii [1] ».

Au siècle suivant, en 1221, un religieux qui se qualifie « chapelain du bourg de Saint-Remy », *capellanus ville Sancti Remigii*, fait un don à Saint-Remi de Reims, et charge d'assurer l'exécution de ses volontés le *prieur* dudit bourg : « Dono, laudo et concedo... Deo et Sancto Remigio, et per te, N. *prior ville Sancti Remigii, site in Provincia*, monasterio Sancti Remigii Remensis..., adquisitionem quam de meo proprio adquisivi in ipsa villa Sancti Remigii et ejus territorio »; et plus bas

---

[1] Appendice, n° XIV.

on lit encore : « per manum *prioris Sancti Remigii in Pr[o]vincia* [1] ».

C'est là l'unique mention formelle et *certaine* du prieuré [du] bourg de Saint-Remy [2].

Dans un document du xive siècle, que nous reproduisons [un] peu plus loin et qui est conservé dans les archives de Reims, [il] est parlé « du prieuré de Provence », *prioratus Provincie*, ce q[ui] désigne vraisemblablement le même établissement religieux.

Peu de temps après son élévation au pontificat suprê[me] (1316), Jean XXII paraît avoir activement recherché la p[os]session des églises de Saint-Remy, comme, au reste, de tou[tes] celles que renfermait le territoire dépendant de la cité épis[co]pale d'Avignon, où, depuis l'an 1305, les papes avaient le[ur] résidence.

Dès 1318, par une bulle du 14 juillet, le pontife rattac[ha] à son église cathédrale d'Avignon l'église ou chapelle de Sai[nt-]Pierre, que les moines de Montmajour détenaient dans [cette] petite ville provençale [3]; il leur donna, en échange, de[ux] églises [4] qui avaient appartenu à l'abbaye de Reims au mo[ins] jusqu'à la fin du xiie siècle [5] et qui, à une date indétermi[née] mais postérieure à 1164, avaient dû passer du domaine d[u] Rémois dans les dépendances de l'église d'Avignon.

---

[1] Appendice, n° XVI.

[2] On a cru trouver, à la date de janvier 1251 (n. st. janvier 1252) un autre acte, contenant la mention du prieuré du *bourg de Saint-Remy*, mais c'est à tort suivant nous; cette pièce, mal comprise par certains auteurs, se rapporte à une autre maison religieuse située en un lieu appelé successivement *Altevocis*, *Altavoce*, *Altavés*, et, de nos jours, *le Tavés*. Voir à l'Appendice, n° XX.

[3] Appendice, n° XVII.

[4] Ce sont les églises de Ventabren [et] Saint-Michel-de-la-Voûte : « ecclesiam Ventabreno, cum rurali ecclesia Sa[ncti] Michaëlis de Vouta ». Cette dernière s'[ap]pelait auparavant « ecclesia Sancti [Mi]chaëlis de Finistella ».

[5] Voir, à l'Appendice, n° XI, les traits de bulles des papes Eugène II[I et] Adrien IV, des 14 décembre 1145 [et] 19 décembre 1154.

C'est probablement vers la même année (1318) que Jean XXII fit auprès de l'abbaye de Reims une première tentative pour en obtenir l'abandon de son prieuré de Saint-Remy, qui devait naturellement entraîner celui de l'église paroissiale et des droits qui y étaient attachés. Les religieux repoussèrent, cette fois, la demande du pape, ainsi que cela résulte du passage suivant d'un inventaire des chartes de Saint-Remi de Reims, dressé au xive siècle : « Instrumentum publicum quod conventus noluit consentire, quod domnus papa possideret prioratum Provincie[(1)]. »

Une deuxième tentative du souverain pontife eut lieu plus tard avec plus de succès, car une bulle du 10 décembre ou du 10 septembre 1331 [(2)] convertit le prieuré en une collégiale de chanoines, placée sous sa juridiction immédiate. Cette collégiale comprenait 12 chanoines, 4 clercs, avec un prieur à leur tête. « Dix-neuf ans après, dit Papon, Clément VI l'érigea en chapitre séculier, composé du même nombre de prêtres, avec cette différence que le prieur prend le titre de doyen et les quatre clercs celui de bénéficiers [(3)]. »

§ 2.

La bourgade ou ville de Saint-Remy.

Dès l'année 1331, lorsque le prieuré de Saint-Remy eut passé de la dépendance de l'abbaye de Reims dans celle du

---

[(1)] Arch. de la ville de Reims, vol. in-f°, fol. xxii, v°.

[(2)] Nous n'avons malheureusement ni l'original, ni une copie authentique de cette bulle. Honoré Bouche en parle ainsi : « Il y a (à Saint-Remy) une collégiale de chanoines séculiers, sous le titre de Saint-Martin, fondée, *environ l'an 1330*, par le pape Jean XXII, se tenant à Avignon, par bulles y données *4 id. Sept. an. 15*, où il y a 12 chanoines, 4 bénéficiez, un curé et quelques autres prêtres habituez. » (*Chorogr. de Provence*, t. I. p. 324.) Papon énonce la date du *10 décembre 1331.* (*Hist. générale de Provence*, t. I, p. 335.)

[(3)] *Hist. gén. de Provence*, t. I, p. 335. Clément IV occupa le siège pontifical de 1342 à 1352.

pape Jean XXII, les *droits parochiaux*, c'est-à-dire les revenus ecclésiastiques, dont les religieux du prieuré avaient joui jusque-là dans la ville au nom de la grande abbaye, appartinrent naturellement au nouveau titulaire, c'est-à-dire au souverain pontife, et furent perçus désormais en son nom.

Quant à la ville, envisagée au point de vue de la vie laïque, c'est-à-dire de l'administration de la justice civile et criminelle, de la police locale, des contributions et redevances imposées à ses habitants, elle était, depuis longtemps, sous l'autorité immédiate du roi ou du grand feudataire qui le représentait en Provence.

Dans le procès-verbal d'une enquête que le comte de Provence Charles Ier fit dresser, peu après son avènement (1246), touchant ses possessions comtales, il fut constaté que Saint-Remy relevait directement de lui, et l'on voit par le même document, qu'il y avait la haute seigneurie, toutes les justices et bans, avec certains droits pour l'hébergement et les chevauchées [1].

D'après M. L. Blancard, à qui nous devons la communication dudit procès-verbal, « non seulement Saint-Remy était une ville comtale, tout à fait comtale, mais c'était une de celles que Charles Ier et ses successeurs préféraient. Ils y avaient établi un atelier monétaire considérable, et les plus belles pièces provençales des comtes, du XIIIe au XVe siècle, sont sorties de cette officine [2]. »

---

[1] Voici le passage du procès-verbal d'enquête de 1246, qui concerne Saint-Remy : « *De villa Sancti Remigii*. Hugolenus miles, B. Robandus, Rostagnus d'Airaga, H. Landricus, R. Gantelmi juraverunt, qui dixerunt quod majus dominium dicti castri est domini comitis; et habet pro alberga XXV l.; pro cavalcatis, fit voluntas domini comitis, vel in denariis vel hominibus, quistas secundum usum Provincie, justicias omnes et banna. De pedagio nichil dixerunt. » (Cartularium Avinionis episcopatus. Arch. des Bouches-du-Rhône, B. 169, fol. 87.)

[2] Lettre de M. L. Blancard, du 27 janvier 1886.

Déjà le même savant nous avait fait connaître, dans son remarquable ouvrage sur le monnayage au nom de Charles Ier, que Saint-Remy était devenu, en 1267, le siège de cette fabrication.

« Placé, disait-il, à peu près à égale distance d'Avignon, d'Arles et de Tarascon, Saint-Remy n'est pas éloigné des rives de la Durance. C'était un lieu central : de France, par le Rhône, du Venaissin, du Dauphiné, par le comté de Forcalquier, on arrivait aisément, et par diverses voies, à Saint-Remy. Un atelier, établi au point convergent des routes les plus fréquentées du pays, et en communication facile avec Aix et la basse Provence, ne pouvait manquer de matière et d'aliment. Le choix de Charles Ier fut heureux et maintenu par ses successeurs[(1)]. »

A la même époque, la petite ville était, suivant Papon, au nombre des communes qui, en cette qualité, relevaient directement du souverain, et le docte historien ajoute : « Elle n'avait pas encore eu de seigneur particulier, lorsque en 1353 la reine Jeanne, comtesse de Provence, en fit don à Guillaume Roger, comte de Beaufort, frère du pape Clément VI, tout en restant sous la juridiction immédiate du roi[(2)]. »

Cette dernière énonciation exige quelques explications. Il faut penser que la libéralité de la comtesse-reine n'avait pour objet que de permettre à Guillaume Roger d'ajouter un titre à ceux dont il était en possession, ou qu'elle était limitée à une partie des droits et redevances à percevoir sur la ville.

Nous sommes certain, en effet, que Saint-Remy conservait, au xve siècle, le titre de ville royale. En 1429, Charles, frère puîné du roi Louis III, comte de Provence, et délégué par celui-ci

---

[(1)] *Essai sur les monnaies de Charles Ier, comte de Provence*, chap. 1er, § 6, p. 8. —
[(2)] *Hist. de Provence*, t. III, p. 559.

au gouvernement de ce comté, adressa aux officiers de la *cour royale* de Saint-Remy un mandement, par lequel il autorisait la mise à exécution, pendant une durée de quatre ans, d'une décision des syndics et du conseil de la ville, imposant aux habitants diverses taxes et contributions sur les denrées, le vin, le poisson, la viande, le bétail, etc., afin de pourvoir aux frais de réparation et de réfection des murs, tours, fossés, portes et ponts [1].

En 1487, Jeanne de Laval, veuve en secondes noces du roi René, dans un mandement adressé à ses « officiers dudit lieu de Saint-Remy », et concernant la perception de taxes sur les biens des habitants, prend, à la suite de ses titres de reine de Jérusalem, de Sicile, duchesse d'Anjou et de Bar, le titre de « dame de Saint-Remy [2] », ce qui implique manifestement le maintien de sa seigneurie directe.

C'est sans doute à raison de cette dignité de *ville royale*, ou proprement *comtale*, que les États de Provence furent souvent réunis dans ses murs [3].

Saint-Remy était aussi resté nanti de ses franchises et de ses institutions municipales, puisqu'il est fait mention, dans les deux mandements précités de 1429 et de 1487, de sa Com-

---

[1] Voir le n° XVIII de l'Appendice, où nous donnons des extraits de cet acte intéressant, dont notre savant confrère M. P. Meyer nous a fort obligeamment remis une photographie, mais qu'à notre grand regret, nous ne pouvons, à raison de son étendue, reproduire intégralement.

[2] Appendice, n° XIX. Cet acte est tout entier en langue provençale. C'est par suite d'une erreur typographique qu'il est dit, dans l'*Art de vérifier les dates* (Chronologie des comtes de Provence), édit. in-fol., t. II, p. 445; édit. in-8°, t. X, p. 426, que cette princesse est morte en 1458; M. Maréchal, dans une thèse soutenue à l'École des chartes, au mois de janvier 1891, a établi, sur pièces justificatives, qu'elle est décédée en 1498. L'acte, d'authenticité incontestable, qui nous a été communiqué en photographie par M. P. Meyer, et que nous reproduisons à l'Appendice, est une des bases de cette démonstration.

[3] Papon, *Hist. de Provence*, t. III, p. 559.

munauté, « Universitas », de ses syndics et de son conseil, qui lui servaient d'organes officiels, géraient ses intérêts, exerçaient l'administration et la police locales, et dont les agents percevaient les taxes votées, comme il est dit en l'acte de 1429, « en public parlement, par les notables de la ville [1] ».

Auprès de ces autorités municipales et de la juridiction immédiate du roi ou du comte de Provence, la *propriété* de la ville, considérée sous le rapport de la vie laïque, si longtemps débattue et détenue à l'état indivis par les moines de Montmajour et ceux de Reims, cette *propriété,* comme nous l'avons dit en tête de ce paragraphe, ne pouvait plus subsister; en tout cas, elle ne pouvait plus être une source de revenus, et, lorsque intervinrent les cessions de 1318 et 1331 au profit du Saint-Siège, les produits en étaient sans doute réduits, du côté du monastère de Montmajour, aux sommes perçues dans les églises ou chapelles de la Sainte-Vierge et de Saint-Pierre-le-Mévolier, et, pour les Rémois, aux droits parochiaux afférents à l'église de Saint-Martin.

Quoi qu'il en soit, à partir de 1331, les Rémois avaient cessé de posséder aucun droit dans le bourg comme sur le prieuré de Saint-Remy.

Il nous reste maintenant à examiner deux dernières questions : celles de savoir si la ville provençale doit être, comme l'ont cru quelques savants, identifiée, soit avec une localité du moyen âge appelée *Freta* ou *Fretus,* soit avec l'antique *Clanum* ou *Glanum Livii* des Itinéraires romains.

---

[1] Appendice, n° XVIII, *in fine.*

CHAPITRE V.

QUESTIONS D'IDENTIFICATION DE SAINT-REMY AVEC DEUX LOCALITÉS DE L'ANTIQUITÉ ET DU MOYEN ÂGE.

§ 1ᵉʳ.

Saint-Remy doit-il être identifié avec une localité appelée, au moyen âge, « Freta » ou « Fretus »?

Plusieurs auteurs ont confondu notre bourgade ou petite ville provençale avec un lieu ancien, nommé *Freta*, qui, d'après le roman arlésien de Tersin, aurait existé au temps de Charlemagne.

Notre affectionné confrère, M. P. Meyer, a publié, en 1872, ce roman à l'aide de deux manuscrits, par lui découverts dans la Bibliothèque de Carpentras; voici, traduit du provençal, le passage du § 2, qui nous intéresse :

« Charlemagne sortit de Paris et s'en vint, avec les nobles barons et avec les douze pairs de France, ensemble tous leurs compagnons, devant Arles la blanche, et toute son armée, qui ressemblait à un essaim d'abeilles, quand elles s'agitent; et, au pied d'une montagne, ils trouvèrent une cité qui s'appelle *Freta*, près d'un mausolée du romain Sextus, en allant vers Baux (à présent *les Baux*), et là ils s'arrêtèrent[1]. »

« Nos deux textes, dit à ce sujet le savant éditeur, s'accordent

---

[1] Littéralement *s'assirent*, ce qui signifierait peut-être plus exactement *campèrent*. Voici le texte du passage en question d'après l'édition de M. P. Meyer : « Carlemagne donc se mouguet de Paris et sen venguet, ambe lous nobles barons et ambe lous XII pars de Fransa, ambe tous leurs compagnons, davant Arles lou blanc, et tout son ost, que semblava un eysham d'abeillas quand si movon tantost; et al pe d'una montaigna, an atrobat una cieutat que s'appella Freta, près d'un mausoleu de Sext, roman, en tirant als Bautz, et aquy se sont acceyas. » (*Romania*, t. I, p. 64.)

à faire livrer bataille à Charlemagne auprès de la cité de *Freta*. L'emplacement de cette cité est bien déterminé par la mention que je trouve également, dans les deux textes, du mausolée de Sextus. C'est actuellement la petite ville de Saint-Remy, bâtie auprès de l'antique *Glanum*, à peu de distance du versant occidental des Alpines. Papon rapporte un texte d'une valeur historique beaucoup moins contestable que celle de notre roman : une charte de Garnier, évêque d'Avignon (982), où *l'ager Fretensis* désigne, en effet, le territoire actuel de Saint-Remy[1]. Je ne suis pas en état d'expliquer à quelle époque, ni comment le nom de *Freta* a disparu. Une société archéologique s'est fondée, il y a quelques années, à Saint-Remy ; puisse-t-elle répandre quelques lumières sur ce point d'histoire[2]. »

Plus récemment, M. Auguste Longnon, dans son étude sur Gérard de Roussillon, a adhéré, en ces termes, à l'opinion de M. P. Meyer : « Frète ou *Freta*, localité du haut moyen âge, qu'une charte de 982 démontre avoir été le chef-lieu d'un *ager* du comté d'Arles, et dont *l'identité avec la bourgade actuelle de Saint-Remy semble suffisamment établie*, grâce au roman arlé-

---

[1] Voici le passage de Papon, auquel M. Meyer fait allusion : « *Fretta* : c'est le nom d'une ville dont les Sarrasins firent le siège vers l'an 730, suivant un roman manuscrit en ancien provençal, qui ne mérite aucune foi, dit le P. Le Long, parce qu'il contient autant de faussetés que de mots. Cependant cette ville a dû subsister ; il est fait mention de son territoire dans la charte suivante, de l'an 982... » (*Hist. de Provence*, t. I, p. 85.)

[2] *Romania*, t. I, p. 59-60. M. Meyer ajoute, dans une note : « C'est sur l'autorité du roman de Tersin, mentionné par Papon, d'après le P. Lelong, que M. Reinaud fait prendre, après un long siège, la ville de Frette par Ioussoul, le gouverneur sarrasin de Narbonne. (*Invasions des Sarrasins*, p. 55). Si M. Reinaud avait pu consulter directement notre roman, il n'en aurait pas tiré directement un fait qui ne s'y trouve pas, du moins dans le texte du manuscrit de Carpentras. Il suffit de se reporter au passage de Papon, cité plus haut, pour reconnaître que M. Reinaud a simplement reproduit l'assertion non justifiée de Papon. »

sien de Tersin. » Suit le passage cité plus haut, et notre savant confrère ajoute : « Ce curieux texte ne permet pas de méconnaître *l'identité de Freta avec le bourg actuel de Saint-Remy*, situé à deux kilomètres au sud (lisez *au nord*) de l'antique *Glanum*, dont les vestiges les plus remarquables sont le mausolée dont il est question et un arc de triomphe [1]. »

La même idée, d'après Honoré Bouche (qui d'ailleurs ne la partageait point), avait été émise longtemps auparavant par le vieil historien Solery [2].

A la suite de l'examen attentif que nous en avons fait, nous avons reconnu qu'elle était entièrement inexacte. Nous n'hésitons pas à penser que la *Freta* du roman de Tersin (nommée autre part *Fretus*) et la bourgade de Saint-Remy sont deux localités parfaitement distinctes, et qu'elles ont coexisté, sur des emplacements différents, chacune avec son vocable particulier.

En outre, et grâce à des documents, la plupart inédits, qui m'ont été communiqués par M. Duhamel, archiviste du département de Vaucluse, et à des renseignements topographiques et archéologiques recueillis à mon intention, dans le pays même, par mon savant correspondant et ami, M. L. Blancard, je crois être en mesure de déterminer, d'une manière très approximative, l'emplacement de *Freta* ou *Fretus*, resté jusqu'ici inconnu, et de satisfaire ainsi au *desideratum* exprimé par M. P. Meyer.

Le premier acte qui contient la mention de cette localité

---

[1] *Rev. hist.*, t. VIII, p. 276.
[2] *Chorographie de Provence*, t. I, p. 171. Honoré Bouche a placé *Freta* près de Saint-Gabriel, non loin de Tarascon, où il dit qu'on en a retrouvé des vestiges. Mais Saint-Gabriel est l'ancien *Ernaginum* ou *Ernagina* des Itinéraires romains, station intermédiaire entre Arles et *Glanum*, et située à l'extrémité occidentale de la chaîne des Alpines, en un point fort éloigné de l'endroit où nous prouverons bientôt qu'était situé le lieu appelé *Freta*, ou plus exactement *Fretus*.

est un diplôme de l'empereur Louis l'Aveugle, daté du 17 septembre 903. Il y est dit que, sur les instances du comte Teutbert et de Walon, ses fidèles, ce prince a concédé à l'évêque Amélius la *curtis* appelée *Fretus*, avec l'église consacrée à saint Remi, située dans le comté d'Avignon, « curtem quae nuncupatur *Fretus*, cum ecclesia in honore sancti Remigii dicata, conjacente in comitatu Avenionensi ». Et plus bas, le nom du domaine concédé est répété : « praefixam curtem *Fretum*[1] ».

Constatons d'abord la véritable forme du vocable, qui est, non pas *Freta*, comme dans le roman de Tersin, mais *Fretus*, et dont on verra bientôt l'importance.

Quatre-vingts ans plus tard, le 16 mai 982, Warnérius, évêque d'Avignon, donnait au monastère de Saint-André, près d'Avignon, diverses églises situées sur un territoire auquel *Fretus* avait communiqué son nom : « ecclesias ultra fluvium Durentiae, *in agro Fretensi, ad radicem montis Garserii*, Sanctae Mariae et Sancti Stephani, Sancti Johannis, Sancti Quirici, necnon Sancti Andreae, vel Sancti Pauli, et in alio loco ibidem adherenti, juxta viam Arelatensem, Sancti Petri, cum decimis et terris[2]. »

Au XIIe siècle, le vocable du mont *Garserius* se retrouve, sous la forme *Gauserius*, d'où est venue directement l'appellation moderne *Gausier* ou *Gaussier*.

Par un acte, daté de 1104, Guillaume de Baux[3] (*de Balcio*), près d'entreprendre un pèlerinage en terre sainte, fait donation de biens à l'église collégiale de Saint-Paul, qui est, dit-il, sise

---

[1] Voir, à l'Appendice, n° I, le texte entier de ce diplôme, et notre note sur le comte Teutbert et l'évêque Amélius qui y sont mentionnés.

[2] Appendice, n° III.

[3] Et non *des Baux*, comme on a dit plus tard inexactement.

au pied du *mont Gausier* : « ecclesiae Sancti Pauli, quae ad radicem *montis Gauserii* sita est [1]. »

Enfin, une charte non datée, mais qui se place, suivant nous, au commencement du xiie siècle et probablement peu après celle de 1104, nous offre les mêmes termes [2].

A une époque antérieure aux deux derniers documents précités, dans le dernier tiers du xie siècle au plus tard, le vocable *Gauserius* s'était communiqué, avec un léger changement, à un château construit sur les pentes de la montagne ainsi nommée. Nous trouvons, en effet, dans une charte de l'an 1080, la mention « casteli (*sic*) *Jaucerii* ». Par cette charte, il est fait concession au monastère de Saint-Pierre et Saint-André, à titre de bénéfice ou de fief (*honor*[3]), de l'aleu que les donateurs possèdent autour de cette maison religieuse et dont le site est déterminé dans les termes suivants : « Est autem monasterium istud situm, cum circumquaque jacente honore, in comitatu Avenionensi, ad radicem *casteli Jaucerii*, ad orientalem partem, supra ecclesiam Sancti Petri quae dicitur ad Mausoleum. » On lit, dans la suite de l'acte, qu'il est fait donation de la dixième partie de la dîme, « redicimum de omnibus quae habemus a Durentia usque ad *Jaucerium* ».

Nous remarquons enfin, parmi les témoins qui souscrivirent cet acte, un personnage appelé « Reinoardus de *Jaucer* », très probablement possesseur du « castellum *Jaucerius* », auquel il avait emprunté son nom [4].

---

[1] Appendice, n° VI.

[2] C'est une donation que Rostan, fils de Rostan Jérold, fait à la collégiale de Saint-Paul, où il prend l'habit religieux, et qui est, dit-il, située *ad radicem montis Gauserii* (Appendice, n° VII).

[3] « Donamus... *honorem* alodis quem habemus, etc. » *Honor* est ici employé avec le sens de bénéfice ou fief, par opposition à *alodis*, propriété. Voir les exemples cités dans le Glossaire de Du Cange, édit. Didot, t. III, p. 692, col. 2.

[4] Le texte entier de la charte est au n° IV de l'Appendice.

Le mot de *Jaucerius* est à ce point voisin de celui de *Gauserius*, qu'il paraît superflu d'en faire ressortir la ressemblance. L'initiale J, substituée à G, n'est peut-être même qu'une erreur de l'auteur de la copie conservée à Avignon, dans la collection Massilian. Il convient, en outre, de signaler cette particularité que le *c* de *Jaucerius* correspond au *s* redoublé du vocable moderne du mont *Gaussier*, tel que le prononcent les habitants du pays. Nous verrons enfin, un peu plus bas, que les confrontations de cette montagne sont les mêmes que celles du *castellum*, et ces déterminations de position nous conduiront à fixer très approximativement le site de *Freta* ou *Fretus*.

Le chemin de grande communication n° 9 [1], qui, de Saint-Remy, conduit vers Baux et à Maussane, à travers la chaîne des Alpines, parcourt d'abord un espace de 1,200 mètres, qui sépare Saint-Remy des célèbres antiquités romaines. Parvenu à ce point, on laisse à droite et à l'ouest de la route, l'arc de triomphe, et à gauche et à l'est, l'ancienne collégiale de chanoines, qui fut depuis l'hospice de Saint-Paul du Mausolée, et des vestiges très apparents de voie antique.

En s'avançant vers la montagne et avant de s'engager dans le défilé par lequel le chemin public va vers le sud, le voyageur se trouve en présence de deux contreforts, qui en commandent l'entrée : celui qui est à droite et à l'ouest de la route n'a point de nom particulier [2].

Sur le versant sud-est de ce même contrefort, regardant le défilé, et sur les bords du chemin, à 400 ou 500 mètres des Antiquités, on a découvert, il y a trente ans environ, une

---

[1] Voir la carte A, jointe au présent mémoire.

[2] « Un vallon qui s'ouvre au pied de ce contrefort, se nomme *vallon des Piroous* (*chaudrons*), et l'on pourrait à la rigueur donner le même nom à la montagne. » (Lettre de M. L. Blancard, du 20 avril 1886.)

quantité considérable d'urnes funéraires en poterie, qui marque l'emplacement d'un ancien cimetière païen, lequel ne pouvait être que celui de l'ancienne station romaine de *Glanum* ou *Clanum*[1].

L'autre contrefort des Alpines, qui se dresse à gauche et à l'est du même chemin, s'appelle le *mont Gaussier*, et c'est, nous l'avons montré, le *mons Gauserius* du XIIe siècle.

Au pied du versant septentrional et du versant oriental du mont Gaussier, il y a, comme on l'a dit ci-dessus, outre une partie des ruines antiques, les chapelles de Sainte-Marie (précédemment de Saint-Étienne), et de Saint-Quirice ou Guirice.

D'après ces concordances topographiques, la place du *mons Gauserius* est établie avec une précision absolue.

Or, le collège des chanoines de Saint-Paul, mentionné dans la charte précitée comme situé « ad radicem montis Gauserii », et qui est, en effet, au pied et à l'est du mont Gaussier, est désigné dans la charte de 1080, citée plus haut, comme placé « ad radicem casteli Jaucerii, ad orientalem partem ».

Il ressort clairement de là que les rédacteurs des chartes indiquaient le site des localités ou des églises voisines, par leur position, tantôt au pied du mont Gaussier, tantôt au pied du château qui y avait été bâti. C'est même *peut-être* à ce château qu'appartenait la tour antique dont les ruines apparaissent à la partie inférieure et nord-ouest du mont Gaussier, non loin de la voie publique[2].

Eh bien! les désignations topographiques relatives au *castellum Jaucerius*, que nous appellerons le *château Gaussier* ou *du mont Gaussier*, s'appliquent exactement à *Fretus* ou *Freta*.

---

[1] Lettres de M. L. Blancard, en date des 23 mars et 3 avril 1886.

[2] Voir la carte A, jointe au présent mémoire.

En effet, dans le roman arlésien de Tersin, il est dit que le lieu appelé *Freta* était « au pied d'une montagne et près du mausolée romain, en allant vers Baux », et nous venons de montrer que le château Gaussier était sur la route de Baux et voisin du mausolée. Le château était lui-même dominé par une partie du mont Gaussier, au penchant duquel il était sans doute construit comme la plupart des châteaux forts du moyen âge [1].

En outre, le mot *Fretus* est un substantif commun, dont la signification primitive est celle d'un *détroit maritime*, d'où est naturellement dérivé le sens de *défilé* dans une vallée étroite, qui a produit, dans la toponymie, une quantité considérable de vocables simples ou composés [2]. Cette expression convenait bien à un lieu sis à l'entrée du défilé où passe le chemin tortueux et étroit de Saint-Remy à Baux et à Maussane, défilé dangereux, bordé de pentes abruptes [3].

Le château Gaussier et la *curtis Fretus* étaient donc nécessairement très rapprochés l'un de l'autre; on serait même tenté de les confondre et de supposer que le nom du château Gaussier fut substitué à celui de Frète, si la persistance de ce dernier jusque dans le xiv° siècle n'était attestée par Honoré Bouche [4].

---

[1] « Rarement on bâtissait les châteaux sur les cimes élevées; on préférait les construire à mi-côte, soit pour la facilité des approvisionnements, soit pour ne pas se priver des moyens d'avoir de l'eau commodément. » (*Instructions du Comité historique des arts et monuments.* — Architecture militaire, in-4°, Paris, 1857, p. 4.)

[2] Frette, Fretay, Frétoy, Frete-en-Court, Frète-Val ou Frette-Val, Frette-en-Ville.

[3] D'après le témoignage d'un agent voyer, qui a surveillé l'exécution du chemin actuel, la route que le chemin a remplacée était étroite et montueuse à l'excès, et ressemblait plutôt au lit d'un torrent qu'à un chemin. Quand elle avait atteint sa plus grande altitude, au sud, elle débouchait sur un plateau vaste et très élevé, se reliant par une crête aux hauteurs sur lesquelles est construit le château si étrange de Baux. (Lettre de M. L. Blancard, du 23 mars 1886.)

[4] Après avoir dit que, dès l'an 1100,

Mais quelle que soit l'opinion qu'on adopte à cet égard, il est un point sur lequel aucun doute ne semble pouvoir subsister, à savoir que *Fretus* ou *Freta* ne saurait être confondu avec la *villa Sancti Remigii*. Les documents cités plus haut établissent, en effet, que ces deux localités étaient parfaitement distinctes l'une de l'autre.

1° D'après le roman arlésien, *Freta* était au pied du mont Gaussier, dépendant du massif des Alpines. Saint-Remy est dans la plaine, séparé de cette montagne par une distance de 2,000 mètres.

2° D'après le diplôme de 903, l'église de *Fretus* était sous l'invocation de saint Remi, et cette circonstance est bien apparemment celle qui a le plus contribué à accréditer l'identification de *Fretus* avec notre bourgade; or, l'église de celle-ci n'avait point pour patron le saint évêque de Reims, mais saint Martin; nous en avons fourni des preuves certaines et nombreuses [1].

3° *Fretus* ou *Freta* et l'*ager Fretensis*, dont cette localité était le chef-lieu, sont mentionnés dans le diplôme de 903 et dans une charte de 982. Or, le bourg de Saint-Remy figure, entre ces deux dates, sous le nom de *villa Sancti Remigii*, dans un diplôme de 964. Le nom de *Frète* ou *Frette* a subsisté au moins jusqu'au XIV° siècle inclusivement; et celui de la *villa Sancti Remigii* se trouve dans la charte d'Arbert de 1100 et dans une série d'actes des XII°, XIII° et XIV° siècles.

Les deux localités ont donc coexisté, aux mêmes époques,

Frète appartenait à l'illustre maison des Baux, et qu'il fut, quelque temps après, entièrement détruit par les guerres civiles entre les comtes de Toulouse et ceux de Provence, l'historien ajoute : « Du temps de Charles II et de Robert son fils, roys de Sicile et comtes de Provence, environ l'an 1310, cette ville estoit encore en réputation, et une dame de la maison des Baux se qualifioit de *princesse de Frère*. » (*Chorographie de Provence*, t. I, p. 171.)

[1] Voir ci-dessus, p. 65-66.

chacune avec sa *dénomination particulière*. Elles diffèrent donc historiquement, et il n'est pas permis de les confondre.

§ 2.
*Saint-Remy doit-il être identifié avec le « Glanum Livii »
ou « Clanum » des anciens?*

La localité du pays des Salyes, dans la Narbonnaise, appelée, par Pline, *Glanum Livii*[1], par Ptolémée, Γλανόν[2], et, dans une inscription antique, *Glanicam*[3], était une station de la grande voie qui, d'Arles (*Arelate*), était dirigée vers le mont Genèvre (*in Alpe Cottia*). Sur les anciens itinéraires, elle reçoit tantôt le nom de *Glanum*, tantôt celui de *Clanum*. Elle était placée entre la station d'*Ernagina* ou *Ernaginum* (Saint-Gabriel) et celle de *Caballine* ou *Cabelione* (Cavaillon).

La distance entre *Glanum* et *Ernagina* ou *Ernaginum* est :

1° De VIII milles romains (12 kilomètres) d'après la Table de Peutinger et deux des vases Apollinaires;

2° De VII milles (10 kilomètres et demi) d'après un autre vase Apollinaire;

3° De 12 milles (18 kilomètres) d'après l'Itinéraire dit « d'Antonin »[4].

La distance marquée entre *Glanum* et *Cabellio* (Cavaillon) est :

1° De XII milles (18 kilomètres) sur la Table de Peutinger et tous les vases Apollinaires;

---

[1] *Hist. nat.*, III, IV, 5; édit. de Lud. Janus; dans la collection Teubner, t. I, p. 128. Le surnom de *Livii* lui vient de Livius Drusus, qui, vers l'an 750 de Rome, fonda une colonie sur ce point. (*Mém. de l'Acad. des inscr. et belles-lettres*, 1ʳᵉ série, t. XXXII, p. 630.)

[2] *Geographia*, II, x, 15; édition de C. Nobbe; collect. Tauchnit, t. I, p. 112.

[3] Millin, *Voyage dans les départements du Midi*, t. III, p. 407.

[4] E. Desjardins, *Géographie de la Gaule d'après la Table de Peutinger*, p. 411-413.

2° De xvi milles (24 kilomètres) dans l'Itinéraire d'Antonin [1].

Tous les auteurs [2] ont placé *Glanum* à Saint-Remy [3]. On mesure, en effet, exactement entre Saint-Gabriel (*Ernaginum*) et cette petite ville l'intervalle de viii milles (12 kilomètres) indiqué par la Table de Peutinger, et entre Saint-Remy et Cavaillon (*Cabellio*) les xii milles (18 kilomètres) indiqués par la Table et les vases Apollinaires.

Mais les distances sensiblement plus considérables énoncées dans l'Itinéraire d'Antonin (xii milles ou 18 kilomètres de Saint-Gabriel à *Glanum*, xvi milles ou 24 kilomètres de *Glanum* à Cavaillon), ne conviennent point à la position de Saint-Remy, et il y a lieu d'admettre, avec M. E. Desjardins, que le tracé de l'Itinéraire prenait une autre direction. « En suivant le canal de Douérion (autrement dit *canal des Alpines*), il y a, ajoute-t-il, iv milles de plus [4]. » Or, on a trouvé précisément, à l'est et à gauche du chemin de grande communication n° 9 de Saint-Remy à Maussane, des vestiges d'une voie antique, qui tendait vers Cavaillon, et ces vestiges, reconnus sur une longueur d'environ 460 à 470 mètres, suivent une direction *parallèle au canal qui longe le pied septentrional des Alpines.*

En outre, ce tracé passe sur le plateau, à côté du groupe des antiquités romaines, qui devait être au centre ou bien près du centre de l'ancien *Glanum*.

Il convient aussi de rapprocher de ces circonstances un

---

[1] E. Desjardins, *ubi supra*.

[2] Sauf Hadrien de Valois, qui a mis *Glanum* à Lansac, localité située entre Tarascon et Arles (*Notit. Galliar.*, voc. *Ernaginum*, p. 189).

[3] D'Anville, *Notice de l'ancienne Gaule*, p. 356; Walckenaër, *Géographie anc. des Gaules*, t. I, p. 214, et t. III, p. 42-43; E. Desjardins, *loc. cit.*, p. 411.

[4] Ibid. Cf. *Statistique des Bouches-du-Rhône*, t. I, p. 311.

fait qui m'a été signalé par le savant archiviste des Bouches-du-Rhône, M. L. Blancard.

A l'entrée du défilé, par lequel le chemin de Saint-Remy à Maussane franchit la chaîne des Alpines, se dressent, à gauche de cette voie publique, le mont Gaussier et, du côté opposé, la montagne qui domine la vallée *des Piroous* [1], et au bas de laquelle on a découvert, il y a plus de trente ans, un grand nombre d'urnes cinéraires, c'est-à-dire une nécropole païenne, qui ne peut être que celle de l'ancienne station de *Glanum*.

De l'ensemble des faits ci-dessus exposés, ressort cette conclusion que *Glanum* avait son centre près de l'entrée du défilé, sur le plateau adossé à la chaîne des Alpines. S'avançait-il dans la plaine jusqu'au point où est la petite ville de Saint-Remy, distante de 2 kilomètres au nord du mont Gaussier? C'est peu probable, car les édifices d'origine romaine sont tous sur le plateau, et, sauf l'aqueduc [2], qui, partant de la limite commune des paluds de Saint-Remy et de Mollèges, passait auprès de notre ville, et contournant, à Saint-Gabriel, la chaîne des Alpines, allait aboutir à Arles, on n'a constaté, dans la plaine, la présence d'aucune ruine importante, qui remonte, avec certitude, à la période gallo-romaine [3].

Quant à l'aqueduc, il n'avait pas été construit pour alimenter un centre de population qui serait le Saint-Remy du moyen âge et de nos jours, et la circonstance que, dans son long développement, ce grand ouvrage traversait le territoire où est

---

[1] Voir la carte A, jointe au présent mémoire, et plus haut (ch. v, § 1ᵉʳ, p. 91 et suiv.), ce que nous avons dit de ces deux montagnes et du *castellum Jaucerius* ou *Jaucerii*.

[2] Voir : 1° le n° XXII de l'Appendice, où nous décrivons les vestiges de l'aqueduc; 2° la carte B, jointe au présent mémoire et indiquant le tracé général de cet ouvrage.

[3] Voir toutefois ce qui est dit plus bas, p. 99, note 1, au sujet de débris « d'un vieux mur ».

cette localité, ne saurait être regardée comme une preuve qu'elle ait existé à l'époque de la domination romaine.

Enfin, d'après des indications fournies verbalement à M. L. Blancard par le célèbre poète Mistral, qui réside dans le pays, le plateau où sont les monuments vulgairement désignés sous le nom d'*Antiquités de Saint-Remy,* et qui fut indubitablement le centre du *Glanum* ou *Clanum* des Itinéraires, ce plateau, disons-nous, « est entouré de murs ou de pans de murs très anciens »[1], ce qui paraît impliquer la séparation de la station (ou du moins de la station primitive) d'avec la plaine et l'endroit où a été bâtie la bourgade de Saint-Remy.

Il me semble toutefois impossible de ne pas tenir un très grand compte de la concordance signalée plus haut, des distances marquées sur l'Itinéraire d'Antonin, avec celles qui séparent Saint-Gabriel, Saint-Remy et Cavaillon.

En présence de ces données divergentes et à première vue contradictoires, nous sommes amené à proposer une explication, qui est, croyons-nous, de nature à les concilier.

Le tracé primitif de la voie romaine fut vraisemblablement le plus long, mais aussi le plus sûr, parce qu'il longeait la chaîne des Alpines et suivait le plateau en dominant la plaine; c'est celui de l'Itinéraire d'Antonin, dont un tronçon, orienté de l'est à l'ouest, est indiqué sur la carte A, jointe à notre mémoire.

Une ligne plus courte fut construite plus tard, sans doute à une époque où l'intérêt stratégique était moindre et avait peut-être même disparu : c'est la ligne marquée sur la Table de Peutinger qui allait, par la plaine de Saint-Gabriel, à Saint-Remy et à Cavaillon.

Par la fréquentation de la nouvelle voie les populations

[1] Lettre de M. L. Blancard, du 21 février 1886.

furent conduites naturellement à donner au nouveau point d'arrêt le nom de la station primitive, comme, de nos jours, on donne à des stations de chemins de fer le nom de localités qu'elles desservent et qui en sont parfois éloignées. C'est ainsi, peut-être et même assez probablement, que se créa ou se développa, à l'endroit qui fut depuis Saint-Remy, un centre d'habitation [1], qui dut s'accroître encore après la destruction de *Glanum*, que l'on rapporte à l'année 408, et qu'on attribue aux Vandales.

On le confondait si peu, dans le haut moyen âge, avec le *Glanum* des anciens, que, d'après le roman de Tersin, ce n'est pas à Saint-Remy, mais à *Freta*, c'est-à-dire au pied du mont Gaussier, que la tradition mettait l'emplacement de la ville ruinée [2].

C'est à une époque plus rapprochée, après que le bourg qui avait servi de relai ou de station sous l'empire fut devenu, avec le territoire qui en dépendait, la propriété de l'église ou de l'abbaye de Saint-Remi de Reims, qu'il prit le nom de *vicus Santi Remi* ou *Santi Remidi*, inscrit sur les monnaies de la fin du vi[e] siècle, et plus récemment encore celui de *villa Sancti Remigii*, que nous trouvons dans le diplôme royal de 964.

---

[1] Dans cet ordre d'idées, il n'est pas inutile de signaler le fait suivant : M. L. Blancard s'étant rendu à Maillane, près Saint-Remy, où réside et où est né Frédéric Mistral, questionna l'illustre poète provençal sur les antiquités de Saint-Remy, et celui-ci affirma à notre correspondant et ami, que « dans la ville, il y avait encore les ruines d'un vieux mur, qu'il *croyait* être romain », et M. Blancard ne put examiner ces ruines, parce qu'elles étaient dans une propriété privée. (Lettre précitée de M. L. Blancard, du 21 février 1886.)

[2] Voir plus haut, chapitre v, § 1er, p. 86 et suiv.

APPENDICE.

I

DIPLÔME DE L'EMPEREUR LOUIS L'AVEUGLE, ROI DE PROVENCE, PORTANT CONCESSION À L'ÉVÊQUE AMÉLIUS DE LA *CURTIS FRETUS*, SITUÉE DANS LE COMTÉ D'AVIGNON, ET DE SON ÉGLISE, DÉDIÉE À SAINT REMI.

(17 septembre 903.)

In nomine sanctæ et individuæ Trinitatis, Hludovicus, divina ordinante providentia Imperator Augustus. Omnium fidelium nostrorum, præsentium scilicet ac futurorum noverit industria, quoniam Teutbertus comes [1] et Walo vir strenuus, nostri dilectissimi fideles, nostram adeuntes excellentiam, enixius postulaverunt quatinus cuidam nostro fideli, eximio præsuli Amelio [2], concederemus jure proprietario curtem quæ nuncupatur Fretus, cum ecclesia in honore S. Remigii dicata, conjacente in comitatu Avenionensi, cum omnibus adjacentiis ac pertinentiis ejus, cum servis et ancillis utriusque sexus, omnia omnino in integrum, per præceptum nostræ auctoritatis. Quorum precibus assensum præbentes, hoc serenitatis nostræ præceptum fieri decrevimus, per quod jamdictus fidelis noster Amelius episcopus præfixam curtem Fretum futuris temporibus obtinere valeat . . . .

Signum domni Hludovici serenissimi imperatoris Augusti.

Arnulfus cancellarius, jubente domno imperatore, recognovi et subscripsi.

Data xv cal. octobris, anno Dominicæ incarnationis DCCCCIII, indictione VI, anno III, imperante domno Hludovico imperatore. Actum Lugduno, in Dei nomine feliciter, Amen.

(Dans Dom Bouquet, *Historiens de France*, t. IX, p. 682.)

(1 et 2) Voir la note qui suit ce diplôme.

NOTE SUR DEUX PERSONNAGES MENTIONNÉS DANS L'ACTE CI-DESSUS.

De quel comté Teutbert était-il en possession ? Quel est le siège épiscopal qu'occupait Amélius ?

1° Le comte Teutbert.

Teutbert était, suivant nous, comte d'Avignon. Un personnage de ce nom figure, avec cette qualité, dans un autre diplôme, par lequel l'empereur Louis l'Aveugle, sur sa demande, concède à Rémigius, évêque d'Avignon, une île située en aval de cette cité [1]; ce diplôme est daté, on le verra plus loin, de 908 ou 909 [2]. Il s'agit, dans le titre de 903, d'un domaine dépendant du comté d'Avignon.

Il est donc assez naturel de penser que le Teutbert de ce dernier acte peut être identifié avec le comte d'Avignon, mentionné dans celui de 908 ou 909.

2° L'évêque Amélius.

Amélius paraît avoir occupé le siège épiscopal d'Avignon.

Nous voyons en effet, dans le diplôme de 903, qu'il fut présenté à l'empereur par le comte Teutbert, comme le fut, en 908 ou 909, l'évêque d'Avignon Rémigius. La *curtis Fretus*, donnée par l'empereur à Amélius, est située dans le comté d'Avignon. Ce sont là des circonstances qui, *a priori*, autorisent à voir dans Amélius un évêque d'Avignon.

Il ne figure point sur la liste des évêques de ce diocèse dressée par les auteurs du *Gallia Christiana*. Nous croyons qu'il peut être placé, sur cette liste, entre Rotfrédus ou Rotfridus, dont la dernière mention se trouve en 879, et Rémigius, dont les seules mentions certaines se rencontrent dans l'acte déjà cité de 908 ou 909, que les Bénédictins ont daté de 905, et dans un autre diplôme qu'ils ont daté de 907, et que nous faisons descendre à 910 ou 911.

Ces deux actes portent respectivement les notes chronologiques suivantes :

Le premier : « Datum xiv cal. novembris, anno vii regni Hludovici piissimi Augusti, indictione xi. Actum Vihenna, etc. [3]. »

---

[1] *Gallia Christiana*, t. I, instrument., p. 137, col. 2.

[2] Et non de 905, comme l'ont cru les auteurs du *Gallia Christiana*, ibid., col. 805.

[3] Voir cet acte dans le *Gallia Christiana*, t. I, instrum., p. 138, col. 1.

Le deuxième : « Datum xvii cal. junii, indictione xv, anno ix regni Hludovici piissimi imperatoris. Actum Viennæ, etc. [1] »

Les savants Bénédictins ayant, d'après la Chronique de Réginon, placé en 898 le couronnement de Louis l'Aveugle comme empereur, ont daté les deux diplômes dont il s'agit de 905 et 907 [2]. Mais cet événement ayant eu lieu en réalité le 12 février 901 [3], il faut faire descendre les deux dates à 908 ou 909, et à 910 ou 911 [4].

Nous ne devons pas omettre de faire remarquer qu'il règne une assez grande incertitude sur le mode de dater les actes de Louis l'Aveugle, à raison surtout de ses trois avènements successifs : d'abord comme roi de Provence, en 890; comme roi d'Italie, à la fin de 899 ou au commencement de l'an 900; et enfin comme empereur, en 901 [5].

Au demeurant, les différences de computation n'ont pas, dans l'espèce, une importance sérieuse, puisque ces différences se bornent à trois ans et que, dans tous les cas, il existe entre la dernière mention certaine de l'épiscopat de Rotfrédus, qui se trouve en 879, et la première mention certaine de celui de Rémigius, qui se rencontre en 908 ou au plus tôt en 905 [6], *un intervalle considérable, où pourrait se placer le gouvernement de l'évêque Amélius*, nommé dans le diplôme de 903.

---

[1] Nous formulons cette date d'après la mention contenue dans le nouveau *Gall. Christ.*, t. I, col. 805.

[2] *Ibid.*, note a.

[3] *Art de vérifier les dates*, édit. in-8°, t. VII, p. 295, et t. X, p. 378. Rappelons que, dans la plupart des provinces, au moyen âge, l'année se prolongeait jusqu'à Pâques, c'est-à-dire jusqu'en mars ou en avril.

[4] L'indiction xi, marquée sur le premier des deux actes, tombe exactement en 908. L'indiction xv, marquée sur le deuxième, tombe en 912, et ne concorde pas avec l'année 910 ou 911. Mais elle se concilierait encore moins avec la date de 907.

[5] D. Martène a signalé trois modes différents de computation pour les seules années du règne de Louis comme empereur, les faisant partir tantôt de 898, tantôt de 901, tantôt enfin de 903. Aussi recommande-t-il de s'en tenir aux dates de l'Incarnation, quand elles se rencontrent. (Voir *Gallia Christ.*, t. I, col. 806.)

[6] Les auteurs du *Gallia Christiana* ont rapporté une opinion d'après laquelle il y aurait eu à Avignon, en 893, un évêque nommé *Haimo*; mais ils déclarent que cette opinion n'est point basée sur des raisons sérieuses. De leur côté, ils ont énoncé que Rémigius, et son successeur Folchérius, ont occupé le siège d'Avignon de 898 à 916. Mais cette allégation, quant à l'épiscopat de Rémigius dès 898, n'est appuyée d'aucune preuve.

II

DIPLÔME DE CONRAD LE PACIFIQUE, ROI DE PROVENCE, QUI CONFIRME LES CONCESSIONS FAITES AU MONASTÈRE DE MONTMAJOUR PAR LE PAPE LÉON VIII, L'EMPEREUR OTHON Ier ET L'IMPÉRATRICE ADÉLAÏDE, ET LUI CONCÈDE, EN OUTRE, DES PARTIES DE LA TERRE DE SAINT-REMI DE REIMS, QUE LE COMTE D'ARLES BOSON A RESTITUÉES AUDIT EMPEREUR, NOTAMMENT LE BOURG DE SAINT-REMY, AVEC SES ÉGLISES ET SES TOURS.

(8 décembre 964 [1].)

NOTA. — Ce diplôme, que nous publions d'après un document inédit du XIe siècle, a été déjà édité par Honoré Bouche, par les auteurs du nouveau *Gallia Christiana*, et par Dom Bouquet [2], mais avec des variantes et des omissions que nous signalons au bas du texte, avec la désignation des précédents éditeurs par les initiales *B.*, *G.-Ch.* et *Bouq.*

Privilegium Conradi regis.

In nomine sancte et individue Trinitatis, Chuonradus[a], summa[b] opitulante clementia piissimus rex. Notum sit omnibus sancte Dei ecclesie fidelibus presentibus[c] atque futuris, qualiter monachi ex monasterio sancti Petri apostoli[d] de Montemajore[e] pecierunt[f] nostram regalem auctoritatem, ut omnia que habent ad prefatum adquisita per instrumenta d[onationum sive con]cambionum[g], ut illis per nostre firmitatis precepta corroboraremus; quod et[h] ita pro Dei amore fecimus. Volumus namque ac firmiter per hoc nostros apices decernimus, ut hoc quod domnus Leo[i], apostolicus, atque Otto, imperator Augustus, ac soror nostra Adelhais[j], imperatrix, ex terra[k] sancti Petri apostoli, Nos, pro Dei amore[l] postularunt prenominatis monachis[m] tenere[n] permittatur, et insuper hoc, quod Boso[o] Arelatensis comes nobis reddidit, illis concedendum de terra Sancti Remigii de Francia et in

---

[a] *Conradus* G.-Ch. — [b] *Divina* B., G.-Ch., Bouq. — [c] *Presentibus* deest B., Bouq. — [d] *Apostoli* abest B., Bouq. — [e] *Monte-major* G.-Ch.; *Monte-majore* Bouq. — [f] *Petierunt* B., Bouq.; *petiere* G.-Ch. — [g] *Chartarum sive concambiorum* B.; *cartarum sive concambiorum* Bouq. — [h] *Ita et pro* Bouq.; *et* abest B. — [i] *Leo* deest G.-Ch. — [j] *Adeluix* B. — [k] *Terra* deest B. — [l] *Pro Dei amore* desunt B. — [m] *Monachis* abest B. — [n] *Tenore* B. — [o] *Bozo* B.

(1) Voir, à la suite du texte et des variantes du diplôme, notre note justificative de cette date.

(2) H. Bouche, *Chorographie de Provence*, t. I, p. 804. — *Gallia Christiana*, t. I, instrum., p. 103, col. 2 et p. 104, col. 1. — Dom Bouquet, *Historiens de France*, t. IX p. 700-701.

ceteris locis taliter nuncupatis : Oriluco[a] monasterio; et in insula maris monasterium Lirinis[b] vocatum; et in comitatu Wapinco[c], cellam quam vocant Alamunto[d] Sancti Martini; et, in alio loco, cellam quam nominant Antunnava[e]; et in comitatu Aquense, cellam quam vocant Roca fraudusa[f], et ad castello quod dicant Ystro[g], ecclesias duas, una Sancti Petri, et altera Sancti Martini, cum terris, campis, vineis et salinariis; et[h] sunt terras quas nominant Sancte Marie Antibolensis[i], cum servis et ancillis; et villam quam vocant Catarosco[j], cum salinariis; et castrum quod nominant Fossas, cum terris et salinariis, servis et ancillis; ac Martigum[k], vasa una quam dicunt Venrosa[l], et vallem quam nominant Sancti Petri; ecclesias tres : Sancti Petri, Sancti Martini, Sanctique Juliani, in loco qui dicitur Namarra, et cum omnibus appendiciis suis, et locum qui dicitur Eyras, [cum] salinariis et piscationibus; villam Sancti Remigii, cum turribus et ecclesiis. Ista[m] omnia super inserta, et cuncta que, per studium[n] orationis eorum sive cum tesauro eorum, ubique adquisierint, Sancto Petro sive predicto loco Monte majori et monachis ibi Deo famulantibus concedimus perpetualiter ad possidendum sine aliqua contradictione, eo vero tenore nulli episcoporum sive abbatum, neque comitum, neque alieni contrarie potestati, aliquam disciplinam sive servitutem per vim faciant, nisi nobis et successoribus nostris regibus; et liceat illis, cum nostra concessione, inter se abbatem eligere qualemcumque voluerint Deo perfecte servientem secundum regulam a sancto Benedicto constitutam. Quod autem[o] hoc nostre auctoritatis preceptum observetur et a nemine unquam violetur, manu propria confirmando subscripsimus et de signio nostro subtus signare mandavimus.

Signum regni[p] ⊕ Chuonradi piissimi regis.

[a] *Aurilino* G.-Ch.; deest B. — [b] *Brans* B. — [c] *Vapincensi* G.-Ch. — [d] *Alamonto* B. — [e] *Antonava* B.; *Autunnava* Bouq. — [f] *Frandusa* B.; *Roca frandusa* G.-Ch. — [g] *Istro* G.-Ch. — [h] *Et sunt terras* et seq. usque ad *ac Martigum* desunt B. — [i] *Antibolensi* G.-Ch. — [j] *Catarofeo* G.-Ch. — [k] *Martygum* B.; *ac Martygum* et seq. usque ad *locum qui dicitur Eyras* absunt G.-Ch. — [l] *Ventosa* B. — [m] *Ista omnia* et seq. usque ad *hoc nostre auctoritatis* desunt G.-Ch. — [n] *Studium orationis eorum sive cum* desunt B. — [o] *Ut antem* B., G.-Ch. et Bouq. — [p] *Regni* et signum monogrammaticum absunt Bouq., *Signum regni*, signum monogr. et *Chuonradi piissimi regis* desunt B.; signum monogr. abest, et *Signum Kunradi piissimi regis* post notam chronicam posita sunt G.-Ch.

SAINT-RÉMY DE PROVENCE AU MOYEN ÂGE.

Data vi idus decembris[a], indictione septima[b], anno incarnationis Dominice dccccLxvi[c], anno xxvii[d] Chuonrado rege. Actum[e] in Genua civitate, feliciter, amen.

(Archives départementales des Bouches-du-Rhône, fonds de Montmajour, n° 6.)

NOTE SUR LA DATE DU DIPLÔME CI-DESSUS.

Les divers manuscrits et les éditeurs successifs de cet acte lui ont attribué des dates différentes :

Honoré Bouche l'a daté de la manière suivante : « Data vi idus septemb., indict..... anno incarn. Dom. dccccLxv, anno xxvii regnante Chuonrado rege. Actum Viennae, feliciter, amen [1]. »

Les auteurs du nouveau *Gallia Christiana* qui l'ont reproduit, mais non intégralement, d'après une copie de Joseph Antelme (*Ex schedis Josephi Antelmi*), l'ont daté ainsi : « Data vi idus decembris, indictione vii, anno incarnationis Dominicæ dccccLxiii. Signum Kunradi piissimi regis [2]. »

Dom Bouquet en a donné une édition plus complète et moins fautive, d'après une copie contenue dans une histoire manuscrite de l'abbaye de Montmajour (*Ex historia ms. hujus monasterii*); voici comment elle se termine : « Signum Chuonradi piissimi regis. Data vi idus decemb., indict. vii, anno incarnat. Domin. dccccLxiii, anno xxvii regnante Chuonrado rege. Actum Vigenna civitate, feliciter. Amen [3]. »

L'exemplaire inédit, que nous publions à l'aide d'une copie fort obligeamment exécutée pour nous par M. L. Blancard, et qui, d'après le savant archiviste des Bouches-du-Rhône, a été confectionné au xie siècle, se rapproche beaucoup du manuscrit dont Bouquet s'est servi. Il présente néanmoins des variantes remarquables en ce qui touche la date et le lieu où le diplôme a été fait; en voici les dernières phrases :

« Signum regni (*monogramme de Conrad*) Chuonradi piissimi regis.

« Data vi idus decembris, indictione septima, anno Incarnationis Domi-

---

[a] *Septembr.* B. — [b] *Septima* deest B. — [c] dccccLxv B.; dccccLxiii G.-Ch. et Bouq. — [d] *Anno xxvii Chuonrado rege* absunt G.-Ch. — [e] *Actum Viennae, feliciter, amen* B.; *Actum Vigenna civitate, feliciter, amen* Bouq.; — omnino desunt G.-Ch.

[1] *Loc. cit.* Honoré Bouche, qui, en plusieurs endroits, attribue à ce diplôme la date de 965, n'indique pas la source d'après laquelle il la reproduit. — [2] *Ubi supra.* — [3] *Loc. cit.*

nice DCCCCLXVI, anno XXVII Chuonradi rege. Actum in Genua civitate, feliciter. amen. »

Signalons d'abord ces mots « in Genua civitate », qui désignent Gênes, cité ligurienne, au lieu de *Vienna* ou *Vigenna*, qui figure dans les éditions de Bouche et de Dom Bouquet, et qu'il faudrait rapporter à Vienne en Dauphiné.

Quant à la date, nous ne croyons devoir accepter, ni celle de 965, donnée par Honoré Bouche, ni celle de 963, admise par les auteurs du *Gallia Christiana* et Dom Bouquet, ni même celle de 966, fournie par le manuscrit de Marseille. Nous croyons qu'il convient, pour les raisons suivantes, d'adopter la date de 964 :

1° L'année 27° du règne du roi Conrad, marquée *dans toutes les éditions* déjà existantes [1], conséquemment dans *tous les manuscrits* qui leur ont servi de base, l'est également dans l'exemplaire inédit de Marseille, qui remonte au XI° siècle. Il y a donc unanimité sur ce point. Or, Conrad ayant succédé en 937 à son père Rodolphe II [2], la 27° année de son règne tombe en 964.

2° L'indiction VII, qui a été reproduite dans *les précédentes éditions* [3], se trouve aussi notée dans l'exemplaire inédit du XI° siècle ; sur ce point encore il y a unanimité. Or la 7° indiction tombe, comme la 27° année du règne, en 964 [4].

3° Cette remarquable concordance relativement à deux des notes chronologiques nous semble logiquement donner un grand caractère de probabilité à la date de 964.

4° La date de 966, que présente l'exemplaire de Marseille, et qui est en désaccord avec les deux notes ci-dessus, peut s'expliquer par une inadvertance du copiste, qui aura interverti les deux dernières lettres numérales, et mis DCCCCLXVI au lieu de DCCCCLXIV.

---

[1] Sauf celle du *Gallia Christiana*, où est omise la mention de l'année du règne.
[2] *Art de vérifier les dates*, édit. in-8°, t. X, p. 385.
[3] Sauf celle de Bouche, où le chiffre de l'indiction est en blanc.
[4] *Art de vérifier les dates*, édit. in-8°, t. I, p. 172.

III

WARNÉRIUS, ÉVÊQUE D'AVIGNON, DONNE AU MONASTÈRE DE SAINT-ANDRÉ ET SAINT-MARTIN, SIS AU MONT «AUDAONE» SUR LES BORDS DU RHÔNE, DIOCÈSE D'AVIGNON, DES ÉGLISES SITUÉES DANS L'« AGER FRETENSIS », AU PIED DU MONT « GARSERIUS », ET PRÈS DE LA ROUTE D'ARLES.

(6 mai 982.)

In nomine Jesu Christi, veri et aeterni Dei. Ego Warnerius, Avenionensis ecclesiae episcopus, ejusdem J. C. servus. Veteris et novi conclamat series Testamenti eos qui terrena dona pauperibus tribuunt, atque de suis opibus in Ecclesia Domini militias sustentant, ab eo eterna premia recepturos, qui in judicio suis dicturus est venire (sic) benedicti patris mei; et hoc quod sequitur in Evangelio veritatis jubet : « Date elemosinam et iterum thesaurisate vobis etc.; » et quod bonus pater filio dicit : « Elemosina animam a morte liberat et non permittit ire in tenebras »; et quidam alius : « Redemptio animae propriae divitiae. »

His igitur recte animadversis et (sic) arbiter totius orbis mei ac peccatrici animae in die timendi examinis dignetur misereri atque per intercessionem servorum Dei, in illa mansione quae regis regum conspectu perfruitur, suorum efficiat consortem fidelium, dono monachis qui in coenobio Sancti Andreae et Sancti Martini quod esse constat infra nostram diocesim, in monte Audaone[1], super fluvium Rhodani, modo famulantur Deo et futuris temporibus illic divinum egerint ministerium, aliquid ex rebus mihi commissae ecclesiae: hoc est ecclesias ultra fluvium Durentiae, in agro Fretensi, ad radicem montis Garserii[2], Sanctae Mariae et Sancti Stephani, Sancti Juliani, Sancti Quirici nec non Sancti Andreae vel Sancti Pauli[3] et in alio loco ibidem adherente, juxta viam Arelatensem[4], Sancti Petri, cum decimis et terris cultis et incultis, sive cum hominibus, quae illis attinere videntur seu

---

[1] C'est le mont Andaon, situé à l'est de Villeneuve-lez-Avignon, sur les bords du Rhône. (Note de M. Duhamel, archiviste du département de Vaucluse.)

[2] Mont Gaussier, contrefort de la chaîne des Alpines, situé à gauche du chemin de grande communication n° 9. Voir la carte A jointe au présent mémoire.

[3] La plupart de ces églises existent encore à l'état de chapelles, à Saint-Paul-du-Mausolée, Saint-Jean, Notre-Dame. (Note de M. Duhamel.)

[4] C'était la grande voie romaine, appelée de nos jours *camin Arlatan*, qui allait d'Arles à Cavaillon, par *Ernaginum* et *Glanum*. (Note du même.)

pertinere, tribuens eis potestatem, remota omni inquietudine, tenendi possidendi. Praecipio enim ut abbas et monachi qui sub eo in ipso mona terio manserint praedictas sub omni integritate obtineant ecclesias, et p singulos annos in Assumptione Sanctae Mariae tres libras cerae in censu fideliter persolvant. Supplico tandem omnes successores meos ne hoc donu inquietare praesumant, sed magis cum charitate affirment, et fratribus praedicto monasterio commorantibus ordinationem tempore opportuno t buant, terrenisque, si facultas permiserit, opibus sustentent eisque in nul molesti existant, nisi, quod Deus evertat! a sui propositi tramite eosde deviare viderint. Et hoc testamentum, ut futuris temporibus inconvulsa obtineat vigorem, manibus canonicorum meorum insigniri jussi.

Actum Avinione, pridie nonarum Maii, anno Domini Incarnati nonag simo octogesimo secundo, indictione decima.

Warnerii humilis episcopi, qui hoc testamentum scribi et firmari jussi S. Warnerii, Durandi et aliorum canonicorum. S. Theodorici, episco Vasionensis. Willelmus voluit, consentiit et firmavit. Eldebertus, Adale mus, Lambertus, Dodonus, Hugo presbyter firmavit.

(Bibliothèque d'Avignon ; manuscrit de la collection Massilian, vol. 21, intitulé Collect chartarum, fol. 33. — Cette charte a été publiée, en partie, par Papon, Hist. Provence, t. I, p. 85.)

IV

BERTRAND DE VÉNASQUE, SON ÉPOUSE ET SES FILS DONNENT AU MONASTÈRE D SAINT-PIERRE ET SAINT-ANDRÉ : 1° EN FIEF, UN ALEU QU'ILS POSSÈDENT AUTOUR D CE MONASTÈRE, DANS LE COMTÉ D'AVIGNON, AU PIED DU CHÂTEAU « JAUCERIU AU-DESSUS DE L'ÉGLISE DE SAINT-PIERRE, DITE « AD MAUSOLEUM »; 2° LE DIXIÈM DE LA DÎME SUR CE QU'ILS ONT DEPUIS LA DURANCE JUSQU'À « JAUCERIUS ».

(Avril 1080 [1].)

Cum ecclesiastica karitas lege suae consuetudinis, pauperibus, orfanis, viduis, peregrinantibus periculo, ceteris que destitutis, auxilium misericordi impendat, maxime fidelibus altaris ministerio mancipatis, ea quae exigu usus necessariae vitae impartiri non recusat. Quocirca ego, in Christi no

[1] Ou, peut-être, suivant le nouveau comput, avril 1081. L'année, comme on sait, se prolongeait alors jusqu'à Pâques. Or en 1081 de même qu'en 1080 cette fête tombait en avril, et, quantième du mois n'étant point ici désigné, l charte peut appartenir à l'une ou à l'autre anné

mine, Bertrannus de Vennasca et uxor mea Percipia, et filii nostri Hicterius, Guilelmus, Bertrannus, Guilelmus Carbonerius, Isnardus, Gaufredus, consulentes saluti nostrae, propter casum humanae fragilitatis, donamus Deo et ecclesiae Sancti Petri et Sancti Andreae, honorem alodis quem habemus in circuitu ipsius ecclesiae, ita sicut per mandamentum nostrum posuerunt terminos per quatuor angulos Petrus Lullanus et Petrus Levantus. Est autem monasterium istud situm, cum circumquaque jacente honore, in comitatu Avenionensi, ad radicem casteli Jaucerii, ad Orientalem partem, supra ecclesiam Sancti Petri, quae dicitur ad Mausoleum. Donamus autem huic ecclesiae et fratribus ibidem Deo servientibus supradictum honorem pro redemptione animarum nostrarum vel animae matris meae Scociae, cujus fuit iste honor, seu omnium parentarum nostrorum (sic). Et insuper donamus redecimum de omnibus quae habemus a Durentia usque ad Jaucerium in omni loco et in omnia et in nominibus[1] jure perpetuo. Sane si, quod Deus non permittat! aut nos aut aliquis vel aliqui nostrum seu quaelibet opposita persona hanc donationem sive helemosinam frangere voluerit, vel inquietare presumpserit, non valeat vendicare quod temptaverit, sed convictus juxta preceptum legis damno emendationis subjacebit, et si adhuc obstinata, Diabolo instigante, malicia nequieverit, cum Datan et Abyron et cum Juda traditore anathematis gladio peribit.

Acta est hec donatio, in mense Aprilis, anno Incarnationis Dominicae millesimo octogesimo.

Signum Bertrannus et uxor mea vel filii, qui hanc donationem fecerunt et testes firmare rogaverunt, manu, mente, corde et ore firmaverunt. Pontius Aicardus firmat. Petrus de Lagodes firmat. Pontius de Romani firmat. Petrus Levantus firmat. Reinoardus de Jaucer firmat. Pontius Aldebertus firmat. Petrus Ugo firmat. Antrannus Balcii firmat. Bertrandus de Balcio firmat. Leotardus firmat. Rotbaldus firmat. Guilelmus Robaldus firmat. Aicardus Guichiranus firmat. Fulco, filius ejus, firmat. Rostagnodo firmat. Silvinus de Cabannas firmat. Petrus de Roma firmat. Rostagnus Hodo firmat. Hodo, frater ejus, firmat. Silvinus de Lagodes firmat.

(Archives du département de Vaucluse, fonds du Chapitre métropolitain d'Avignon, Saint-Remy, fol. 49.)

---

[1] Peut-être pour *hominibus*.

V

ARBERT, ÉVÊQUE D'AVIGNON, CONCÈDE À LA COMMUNAUTÉ RELIGIEUSE DE SAINT-REMY DE PROVENCE, OU À L'ABBAYE DE SAINT-REMI DE REIMS, L'ÉGLISE PAROISSIALE DU BOURG DE SAINT-REMY.

(1100.)

Privilegium domni Arberti, Avenionensis episcopi, de ecclesia et capella in Provincia.

In nomine sanctę et individuę Trinitatis, Patris et Filii et Spiritus sancti, ego Arbertus, Avenionensis episcopus. Divina lex precipit, et mundana illud idem asserit, ut qui suum aliquid in alterius transfundere potestatem voluerit, per paginę testamentum tradat, ut in posterum quietum inconvulsumque contra impetentes permaneat. Quapropter ad memoriam posterorum tradere curamus quod Sancti Remigii abbas cum suis monachis, per suos legatos, nostram adiens fraternitatem, suppliciter petiit quatinus ex pertinentibus ad episcopalem mensam eis aliqua concederemus. Quoniam igitur piorum religiosorumque virorum est Dei servorum vitam tueri, eorumque inopiam, ope qua valent, in omnibus sublevare, ego Arbertus, Avenionensis episcopus, una cum consilio canonicorum nostrorum, peticioni eorum assensum prebentes, ecclesiam Sancti Remigii, cum capella, cimiterio, oblationibus, decimis, primitiis, alodiis, omnibusque ad eam jure pertinentibus, eis hoc pacto concedimus, ut annuali censu Avenionensi episcopo quinque Melgorienses solidos persolvant, et obedientiam matri ecclesie in omnibus exhibeant, retinentibus etiam in prefata ecclesia medietatem omnium decimarum, dividendam, sicut sacri censent canones, inter episcopum et pauperes; per omnia autem episcopalis reverentia nec non et dignitas servetur. Si quis autem, spiritu diabolico incitatus, hanc nostram donationem inquietare aut irrumpere temptaverit, nil valeat, sed ab omni ecclesia segregatus, judicioque dampnatus, insuper hec nostra donatio firma et stabilis permaneat omni tempore.

Actum est hoc publice Avenioni, anno ab incarnatione Domini m° c°, anno pontificatus domni Paschalis i°, episcopatus vero prefati presulis iiii°. Gibilinus, Arelatensis archiepiscopus, firmavit. Rostagnus, prepositus, firmavit.

Autrandus firmavit. Rainoardus firmavit. Girardus firmavit. Elisiars firmavit. Rostagnius firmavit. Berengarius, Forojuliensis episcopus, firmavit.

(Archives de la ville de Reims, Cartulaire B. de Saint-Remi, fol. 42 v°- 43 r°. — Cette charte a été imprimée dans le nouv. *Gallia christ.*, t. I, instrum., p. 141, mais avec inexactitude; on y lit : « ego Arbertus... ecclesiam *et villam* S. Remigii... concedimus »; les deux mots soulignés sont absents dans le manuscrit original.)

VI

GUILLAUME DE BAUX, PRÈS DE PARTIR EN PÈLERINAGE POUR LA TERRE-SAINTE, DONNE À LA COLLÉGIALE DE SAINT-PAUL CE QU'IL POSSÈDE AU TERRITOIRE DE *BREZANIA*.

(1104.)

Nostrorum olim preteritorum patrum prudentia quicquid legitima donatione seu dote donavit, vivacibus litteris commendavit, ne autem inversa sua facta perverteret aut adversariorum succedentium protervitas impediret vel inopinata aboleret oblivio quod sic scriptis munita representaret ostensio. Quorum tam facta quam precepta secutus, Ego, in Xristi nomine Guillelmus de Balcio, volens incipere iter peregrinationis Domini nostri Jhesu Xristi, ecclesiae Sancti Pauli, quae ad radicem montis Gauserii sita est, et clericis ibidem Deo canonice servientibus ac postmodum canonice servituris, dono totum illud quod visus sum habere vel possidere in territorio Brezaniae, culta et inculta, omnia loca terrarum, cum tasca et cum decimis, prata et aquam paludis necnon Marmoranici fontis, ut faciant in his quicquid facere potuerint ad Dei servitium, quatinus eorum intercessionibus suffultus, apud misericordem Dominum in eorum (*sic*) valeam consequi veniam delictorum. Unde accepi ab eis centum solidos veteris monetae, qui dicuntur Aquilati. Aliter si, Deo concedente, in his partibus reversus fuero, tenebunt per decem annos totum istum honorem; transactis decem annis, quarta pars istius honoris remanebit in perpetuum ecclesiae Beati Pauli et clericis in alode; tres partes vero recuperabo, et in his tribus partibus, dono in perpetuum eis ortum et molendinum, si fieri potest, et reddam xx[tos] solidos Melgoriensum. Et aliter, si in ipsis partibus vel in istis sine legali filio morte fuero proventus, totum istum honorem, longitudinem et latitudinem, ecclesiae prefatae ex toto relinquo. Quod si ullus homo vel aliqua apposita persona hanc donationem, quam ex toto corde facio, inquietare vel irrumpere voluerit, nisi resipuerit, iram Dei omnipotentis incurrat, semperque donatio firma et stabilis permaneat. Insuper dominum Rainoardum, filium Petri Rainoardi veri castelli [1], sicut servus dominum, sicut amicus amicum, humiliter exposco ut ecclesiam istam et filios ejus, pro nomine Dei omnipotentis et per sepulchrum ejus ad quod ire desidero, in fidem suscipiat et in quantum poterit, Deo adjuvante, cum omnibus sanctis, fidelis defensor existat.

Ego Guillelmus, qui hanc cartam fieri jussi sicut scriptum est, manu mea firmo. Dominus Rainoardus veri Castelli (*sic*) firmat. Rainaldus Mataronus firmat. Isnardus, frater ejus, firmat. Guillelmus Rainoardus firmat. Bermundus Mataronus firmat. Petrus Faraldus et uxor ejus et filii firmant. Ugo Guichirannus et uxor ejus et filii firmant. Filii Guilelmi Aldeberti de Moraris firmant. Raimundus Sancti Andeoli et Calzonus, frater ejus, firmant. Rostagnus Odo et filii ejus firmant. Guichirannus firmat. Rostagnus Imbertus et fratres ejus firmant. Petrus Bermundus firmat. Guido Casto firmat. Guillelmus Rabaldus firmat.

Acta sunt haec anno Dominicae Incarnationis millesimo centesimo quarto, in indictione duodecima.

(Original en parchemin, Arch. de Vaucluse, fonds du Chap. métropolit. d'Avignon, Saint-Remy, fol. 44.)

VII

ROSTAN, CONJOINTEMENT AVEC SES FRÈRES ET SA MÈRE, DONNE À L'ÉGLISE DE SAINT-PAUL DU MAUSOLÉE, SITUÉE AU PIED DU MONT « GAUSERIUS » (MONT GAUSSIER), OÙ IL ENTRE EN RELIGION, CE QU'ILS POSSÈDENT DANS LE TERRITOIRE NOMMÉ *ALTEVOCIS*, ACTUELLEMENT « LE TAVÈS » [2].

(Première moitié du xiiᵉ siècle.)

Notum sit tam presentibus quam futuris Sanctae Ecclesiae filiis, quum auctoritas jubet aecclesiastica et lex consistit romana, ut qui rem suam in

---

[1] Ne convient-il pas de rapprocher ce « Rainoardus, filius Petri Rainoardi *veri Castelli* », du « Reinoardus de *Jaucer* », témoin dans la charte de l'an 1080 (n° IV de l'Appendice), et très probablement possesseur du « castellum *Jaucerius* » (château Gaussier ou du mont Gaussier)? Dans ce cas, le « veri Castelli » ici mentionné ne serait autre que le château Gaussier. Il n'est pas inutile de noter que Guillaume des Baux, ou plus exactement de Baux (*de Balcio*), sollicite le seigneur de ce château « humiliter », « sicut servus dominum », c'est-à-dire dans des termes qui marquent non seulement l'infériorité, mais la subordination à celui-ci.

[2] Consulté par nous au sujet de la position d'*Altevocis*, notre savant confrère M. A. Longnon nous a fait connaître que ce lieu doit être identifié avec celui qui figure sous le nom de *le Tavès*, sur la carte de l'État-major, et qui est inscrit à la page 248 du *Dictionnaire topi-*

qualicunque potestate transfundere voluerit, per paginam testamenti eam infundat, ut succedentibus temporibus secura et quieta permaneat. Quapropter ego Rostannus, Rostanni Jeroldi filius, cum fratribus meis Guilelmo et Fulcone et Raimundo et matre mea Rainaldina, dono, cum memetipso, aecclesiae Sancti Pauli, quae ad radicem montis Gauserii sita est, et dono Rainoardo, ipsius aecclesiae preposito et clericis ibidem Deo canonice servientibus ac postmodum servituris, totum illud quod visus sum habere vel possidere, cum matre mea et fratribus meis, in territorio Altevocis, scilicet medietatem condominae[1] et medietatem terrae quae vocatur Exitus, medietatem honoris domini Rainoardi, quam fratres sui et mei prefatae ecclesiae possidendam abnuere nolebant, causa mei amoris laudant et hac conscriptione absque ullo malo ingenio affirmant, ut exinde canonici quicquid facere voluerint, faciant, quatinus eorum intercessionibus suffulti, apud misericordem Dominum ego, cum ipsis, nostrorum valeamus consequi veniam delictorum. Et si ullus homo vel aliqua apposita persona hanc donationem, quam ex toto corde facimus, inquietare vel irrumpere voluerit, nisi resipuerit, iram incurrat Dei Omnipotentis, semperque permaneat donatio ista firma et stabilis.

Ego Rostannus, qui hanc cartam fieri jussi, sicut scriptum est, manu mea firmo. Mater mea Rainaldina firmat. Guilelmus Fulco et Raimundus, fratres mei, firmant. Guilelmus Rostannus et Petrus Bermundus et Guilelmus Bermundus firmant. Raimundus Jofredus et Leodegarius et Petrus Cerpa et Guilelmus monachus firmant. Raimundus et Guilelmus, filii Petrigni Raldi, firmant.

(Original en parchemin, Arch. de Vaucluse, fonds du Chap. métropolit. d'Avignon; Saint-Remy, fol. 59.)

graphique de l'arrondissement d'Arles, par Revel du Perron et Gaucourt, comme « mas et quartier de la commune de Tarascon ». *Le Tavès*, qui est situé à 6 kilomètres à l'est de cette dernière ville, et à 7 kilomètres à l'ouest de Saint-Remy, est, d'après le Dictionnaire précité, mentionné, sous le nom de *Altavès*, en divers actes du moyen âge, notamment à la date de 1298. Dans l'espèce, de même que dans beaucoup de cas semblables, on a attribué à la syllabe initiale *al* le sens de *au* (contracté de *à lo*) et l'on a dit *au Tavès*, d'où l'usage de la forme actuelle *le Tavès*. Voir plus bas, le n° XX de l'Appendice, relatif à une autre charte contenant la mention de la même localité et d'une communauté religieuse qui y était établie.

[1] *Condomina* (identique à *Condamina*, *Condemina* et *Condimina*) désigne, suivant les pays où ce terme était employé, des terres adjacentes à un centre de population, ou une terre affranchie de charges agraires. (Du Cange, *Glossar.*, édit. Didot, t. II, p. 516, col. 1 et 3.) En Provence, c'est cette dernière signification qu'il avait.

NOTE SUR LA DATE DE LA CHARTE CI-DESSUS.

Cet acte est dépourvu de notes chronologiques. D'après l'écriture, dont M. Duhamel a joint un spécimen à la copie prise par lui sur l'original, et que nous reproduisons ici,

[specimen d'écriture : Ici Pauli que ad radice montal gauderni itae.]

le savant archiviste place l'époque de sa confection au xe ou au xie siècle.

Nous pensons qu'il faut faire descendre cette date approximative à des temps plus bas.

En rapprochant le spécimen de l'écriture de notre charte, des types réunis par notre éminent et regretté confrère, M. Natalis de Wailly, nous reconnaissons que plusieurs lettres (P. A. L.) et le D cursif avec sa haste prolongée, conviendraient à la fin du xe siècle ou au commencement du xie [1]. Mais les enroulements caractéristiques des S la font descendre à la deuxième moitié du xie siècle, et mieux encore à la première moitié du xiie [2].

Une autre circonstance importante est à noter.

La plupart des personnages qui ont souscrit cet acte ont deux noms, dont l'un, le deuxième, est un surnom, comme pour « Petrus *Cerpa* », ou bien un nom héréditaire, devenu plus tard le nom de famille, comme dans « Guilelmus *Rostannus* ».

Ces doubles noms se rencontrent au xie siècle et la charte de 1080 (n° IV de notre Appendice) nous en fournit des exemples. Mais c'est à partir du siècle suivant qu'ils se produisent en grand nombre, comme nous le voyons ici.

C'est donc à la première moitié du xiie siècle qu'il est préférable de rapporter la charte de Rostan.

Cette date approximative est confirmée par le fait que nous observons dans un autre document daté de l'an 1104 : la circonstance de doubles noms des témoins, et la désignation du site de l'église de Saint-Paul du

---

[1] *Éléments de paléographie*, t. II, p. 253-254 et pl. VI, n°^{s} 1 à 3.

[2] *Ibid.*, p. 267-268 et pl. XIII, on voit un diplôme de l'an 1058. Il y a, p. 271-272 et pl. XV, n° 1, un passage d'un diplôme de 1147.

Mausolée « ad radicem montis Gauserii », telle qu'elle est contenue dans la charte qui nous occupe. Ajoutons que celle-ci, tirée, comme celle de 1104, du fonds du chapitre métropolitain d'Avignon, article de Saint-Remy, y vient après elle [1], et qu'il paraît convenable d'assigner à l'une et à l'autre, sinon la même date, du moins des dates très rapprochées.

VIII

LE PAPE CALIXTE II CONFIRME LES MOINES DE MONTMAJOUR DANS LA POSSESSION DE L'ÉGLISE DE SAINTE-MARIE, CONSTRUITE DANS LA TOUR DE SAINT-REMY, ET PRÉCÉDEMMENT CONCÉDÉE À CE MONASTÈRE PAR ROSTAN, ÉVÊQUE D'AVIGNON.

(6 avril 1119-1124.)

Calistus papa confirmat ecclesiam Sanctae Mariae seu Sancti Petri de villa Sancti Remigii, Avenionensis diocesis.

Calistus, episcopus, servus servorum Dei, dilectis in Christo filiis Petro, abbati monasterii sancti Petri Montis Majoris, et ejusdem fratribus, salutem et apostolicam benedictionem. Quae religionis et honestatis intuitu ecclesiis seu monasteriis conferuntur, firma debent illibataque servari. Bonae quippe memoriae Rostagnus, Avenionensis Episcopus, sicut ex ejus scripto comperimus, omnium canonicorum ecclesiae suae consilio, ecclesiam Sanctae Mariae ab antecessoribus eorum in turri fundatam, vestro monasterio tradidit et concessit, quam nimirum concessionem seu traditionem nos, scripti nostri pagina confirmantes, statuimus ne super eam aliquis praeter abbatis et fratrum Montis Majoris voluntatem quidquam aedificare praesumat, sed turris, cum cohaerente sibi portico et crypta inferius et superius, vobis vestrisque successoribus firmiter conservetur. Sed cuicumque ad eamdem ecclesiam venire voluerit, sua ibi vota persolvere concedimus. Guichirandum et Guillelmum, filium Rostagni Odonis, cum decimis, et premitiis, et oblationibus, et cum omnibus adjacentiis, partinentiis eorum, ad eamdem supradictam ecclesiam concedimus. Si quis autem contra nostram constitutionem scilicet de istis decimis quas nominavimus, videlicet decimam de Willelmo de Balcio, de haeredibus suis, de Raimundo Gaufredi de Cavomonte, de Pontio Tajarduni, de Vidone Castoni, de Panno Bovis, has

---

[1] Elle est en effet au folio 59, tandis que celle de 1104 est au folio 44.

omnes decimas supradictas monasterio Montis Majoris confirmamus. Si aliquis voluerit contra hanc nostram constitutionem repugnare audaci temeritate, quod absit! honoris sui et officii periculum patiatur, et excommunicationis ultione plectatur, nisi praesumptionem suam digna satisfactione correxerit, et antiphonarii medietatem sine dilatione restitui praecipimus. Datum Laterani, VIII idus aprilis.

(Ms. original, Archives du département des Bouches-du-Rhône, fonds de Montmajour.)

IX

PRIVILÈGE DU PAPE CALIXTE II EN FAVEUR DU MONASTÈRE DE MONTMAJOUR.

(9 avril 1123.)

Privilegium Calisti papæ II.

Calistus, episcopus, servus servorum Dei, dilecto filio Petro, abbati venerabilis monasterii Montis Majoris in Arelatensi parochia, ejusque successoribus regulariter substituendis in perpetuum. Piae voluntatis effectus prosequente debet studio confoveri, ut ecclesiastica utilitas apostolicae sedis auctoritate vires accipiat et accrescat. Ea propter, nos, dilecte in Domino fili Petre abbas, tuis supplicationibus accomodantes ascensum, Montis Majoris monasterium, quod beatae Mariae semper Virginis et beati Petri apostolorum principis nominibus dicatum est, et cui, auctore Deo, praesides, ad praedecessorum nostrorum sanctae memoriae Urbani, Paschalis et Gelasii secundi exemplar, apostolicae sedis auctoritate munimus. Confirmamus siquidem vobis abbatiam beati Apellen . . . . . ; in Arelatensi parochia . . . ecclesiam Sanctae Mariae et Sancti Jacobi, in castro Morerii; in valle Balsii, capellam de castro Castilione . . . . .

Ego Calistus, Catholicae Ecclesiae episcopus. L. S. Datum Laterani, per manum Hugonis, S. R. E. subdiaconi, V idus aprilis, indictione I, incarnationis Dominicae anno MCXXIII, pontificatus autem domini Calisti papae secundi anno V.

(Ms. original. Archives du département des Bouches-du-Rhône, fonds de Montmajour.)

X.

SENTENCE DU PAPE CALIXTE II, QUI CONFIRME L'ABBAYE DE SAINT-REMI DE REIMS DANS LA POSSESSION DE L'ÉGLISE PAROISSIALE DU BOURG DE SAINT-REMY DE PROVENCE, ET DANS LA PROPRIÉTÉ ET JURIDICTION DE LA MOITIÉ DU BOURG, L'AUTRE MOITIÉ ET LA CHAPELLE DE SAINTE-MARIE RESTANT AUX MAINS DES MOINES DE MONTMAJOUR.

(16 mai 1123.)

Privilegium domni Calixti II pape de ecclesia Sancti Remigii in Provincia.

Calixtus, episcopus, servus servorum Dei, dilectis in Christo filiis Odoni, abbati monasterii Sancti Remigii, et ejus fratribus, salutem et apostolicam benedictionem. Que judicii veritate discussa sunt, inconvulsa debent stabilitate servari. Super ecclesia siquidem Sancti Martini de villa Sancti Remigii inter vos et Montis Majoris monasterium querimonia longo jam tempore agitata est, de qua domni quidem predecessores nostri sanctę memorię Paschalis et Gelasius, apostolicę sedis pontifices, juxta bonę memorię Arberti, Avinoniensis episcopi, concessiones, definitionis sententiam ediderunt. Ceterum, Montis Majoris monachis renitentibus et obedire omnino nolentibus, post multas dilationum fugas, a nobis quoque de restitutione litterę missę sunt. Postremo utriusque monasterii labores et dispendia paternę pietatis oculo intuentes, post aliquantum temporis alia rursum scripta direximus ad agendam causam utrique parti terminum prefigentes. Et vos quidem parati atque muniti statuto termino accessistis, abbas vero Montis Majoris absens fuit, neque pro se vel pro toto negotio nisi quendam Rodulfum clericum delegavit. Causa igitur in nostra et fratrum nostrorum presentia diligenter discussa et diligentius indagata, communi consilio definitum est predictorum patrum decisionem et episcopi concessionem debere inconvulsam illibatamque servari : ut videlicet matrix Sancti Martini ecclesia de villa Sancti Remigii, cum medietate ipsius villę, sub Beati Remigii monasterii jurisditione ac proprietate perpetuo maneat, relique vero medietatis proprietatem, cum capella Sanctę Marię, Montis Majoris monasterium quietam illibatamque obtineat, ita tamen ut parrochialia omnia de tota omnino villa eidem matrici ecclesię conferantur. Si vero mulieres a partu surgentes ad eandem capellam, pro Beatę Dei genitricis semper virginis Marię devotione, convenerint, sua ibi persolvere vota concedimus. Hanc itaque definitionis sententiam nos auctoritate apostolica confirmamus et inconcussam omnino atque inviolabilem decernimus conservari, Montis Majoris abbati et fratribus perpetuum in causa hac silentium imponentes. Si quis autem, definitionis hujus tenore cognito, temere, quod absit! contraire temptaverit, nisi secundo terciove commonitus satisfecerit, officii sui periculo et ecclesiastice severitatis ultioni subjaceat. Ego Calixtus, Catholice Ecclesie episcopus, laudans subscripsi. Ego Cono, Prenestinus episcopus, interfui judicio et subscripsi. Ego Lambertus, Ostiensis episcopus, subscripsi. Ego Vitalis, Albanus episcopus, subscripsi. Ego Clivizo, Tusculanus episcopus, interfui judicio et subscripsi. Ego Gregorius, Terracinensis episcopus, interfui et subscripsi. Ego Rainerus, Ariminensis episcopus, interfui et subscripsi. Ego Gregorius, Sancti Angeli diaconus cardinalis, subscripsi. Ego Jacinctus, subdiaconus, prior, subscripsi. Ego Romanus, Sancte Romane Ecclesie subdiaconus, subscripsi. Ego Hugo, sacre basilice subdiaconus, subscripsi. Ego Gregorius (?) [1], presbiter cardinalis tituli Lucine, judex datus, interfui et subscripsi. Ego Petrus, presbiter cardinalis tituli Sancti Calixti, judex datus, interfui et subscripsi. Ego Saxo, tituli Sancti Stephani presbiter cardinalis, subscripsi. Ego Johannes, tituli Sancti Grisogoni presbiter cardinalis, subscripsi. Ego Odaldus, presbiter cardinalis tituli Sancte Balbine, interfui et subscripsi. Datum Laterani, per manum Grisogoni, Sancte Romane Ecclesie diaconi cardinalis ac bibliothecarii, xvii° kalendas junii, indictione xv, incarnationis Dominice anno m°c°xxiii°, pontificatus autem domni Calixti II pape anno iiii°.

(Ms. original, Arch. de la ville de Reims, fonds de l'abbaye de Saint-Remi, cartul. B, fol. 5.)

[1] Le ms. porte deux GG.

XI

EXTRAITS DE BULLES DES PAPES CALIXTE II, HONORIUS II, EUGÈNE III ET ADRIEN IV, CONTENANT LA MENTION DES BIENS ET ÉGLISES POSSÉDÉS PAR SAINT-REMI DE REIMS DANS LES DIOCÈSES D'AVIGNON ET D'AIX, ET SPÉCIALEMENT DE L'ÉGLISE PAROISSIALE DE SAINT-MARTIN SITUÉE À SAINT-REMY DE PROVENCE.

(Extraits pris par M. L. Demaison sur les originaux conservés dans les archives de la ville de Reims, fonds de Saint-Remi, liasse I, n°ˢ 2 à 5.)

1° *Bulle du pape Calixte II.*

(4 des ides de novembre - 10 novembre 1119.)

« In episcopatu Avenionensi et in episcopatu Aquensi, alodio Beati Remigii, cum ecclesiis et possessionibus suis. »

2° *Bulle du pape Honorius II.*

(19 des calendes de janvier - 14 décembre 1126.)

...In episcopatu Avenionensi et in episcopatu Aquensi, allodia Beati Remigii, cum ecclesiis et possessionibus suis. Item, in episcopatu Avenionensi, *ecclesiam Beati Martini*, cum appendiciis suis, *sitam in villa Sancti Remigii.*

3° *Bulle du pape Eugène III.*

(19 des calendes de janvier - 14 décembre 1145.)

...In episcopatu Avenionensi, *ecclesiam Sancti Martini* et *medietatem ville que dicitur ad Sanctum Remigiam.* In episcopatu Aquensium, ęcclesiam Sancti Martini de Triola, ęcclesiam Sancti Remigii de Marcilliana, ęcclesiam Sanctę Marię de Vantabran, ęcclesiam Sancti Michaelis de Finistella, quę nunc dicitur Volta, cum appenditiis suis.....

...*Ecclesiam Beati Martini de villa Sancti Remigii*, sicut a predecessore nostro, beatę recordationis papa Calixto, vobis adjudicata est et scripto suo firmata, cum medietate ipsius villę [1].

[1] Cette pièce a été imprimée par B. Guérard, *Polyptyque de Saint-Remi*, p. 111.

4° *Bulle du pape Adrien IV.*

(14 des calendes de janvier - 19 décembre 1154.)

...In territorio Avenionensi, *ecclesiam Sancti Martini et medietatem ville que dicitur ad Sanctum Remigium*, sicut a papa Calixto, bone memorie, vobis adjudicata et scripto ejus firmata est, cum appendiciis suis. In episcopatu Aquensi, ecclesiam Sancti Martini de Triola, ecclesiam Sancti Remigii de Marciliana, Ventabren castrum cum ecclesia, ecclesiam Sancti Michahelis de Finistella, que nunc dicitur Vulta, terram et decimam de Fara...[1].

XII

EXTRAIT DU NÉCROLOGE DE SAINT-REMI DE REIMS.

(xiie siècle.)

« IIII *N* (*Anniversario*) Rotildis ✠, Arbertus ✠, Avenionensis episcopus, Godinus. Wierdus, conversus. »

En marge :

« ✠ Qui ecclesiam Sancti M....., in Provincia sitam, in..... Sancti Remigii, nobis dedit. »

(Biblioth. de Reims, C 184-147, fol. 146 r°.)

NOTE SUR LE NÉCROLOGE CI-DESSUS.

M. L. Demaison, archiviste de la ville de Reims, qui a pris cet extrait sur l'original, nous a fait connaître que l'écriture du nécrologe est du xiie siècle, et celle de la note marginale du xiiie (vers l'an 1225), et que le nécrologe porte d'autres notes de la même main.

Voici maintenant le passage du nouveau *Gallia Christiana* (t. I, col. 819) auquel nous nous sommes référé, et qui permet de combler les lacunes de la note marginale provenant de l'usure subie par le manuscrit depuis l'année 1715, date de la publication de ce volume :

« Hoc anno (1123) Arbertum interiisse verisimile videtur. In Necrologio S. Remigii Remensis, ad diem 4 Martii legitur : *Anniversarium Arberti epi-*

---

[1] Cette pièce a été imprimée par B. Guérard, *loc. cit.*, p. 113.

scopi Avenionensis, qui dedit nobis ecclesiam S. Martini, sitam in villa S. Remigii in Provincia. »

D'après cette énonciation, le nom de saint Martin, patron de l'église de Saint-Remy, était évidemment encore parfaitement lisible en 1715 ou peu de temps auparavant.

XIII

LE PAPE EUGÈNE III CONFIRME LE MONASTÈRE DE MONTMAJOUR DANS LA POSSESSION DE DIVERS BIENS, NOTAMMENT DE LA MOITIÉ DU « *CASTRUM* » DE SAINT-REMY, DE LA TOUR ET DE LA CHAPELLE DE SAINTE-MARIE.

(7 avril 1152.)

Privilegium Eugenii papae III.

Eugenius episcopus, servus servorum Dei, dilecto filio Pontio, abbati monasterii Montis majoris, ejusque fratribus tam praesentibus quam futuris regularem vitam professis in perpetuum. Cum universis catholicae ecclesiae debitores ex injuncto nobis a Deo apostolatus officio existamus, illis tamen locis atque personis propensiori nos convenit charitatis studio imminere, quae ad sedem apostolicam noscuntur specialius pertinere. Ea propter, dilecti in Domino filii, vestris justis postulationibus clementer annuimus, et praedecessorum felicis memoriae Urbani, Paschalis, Gelasii secundi et Calisti, Romanorum pontificum vestigiis inhaerentes, praefatum monasterium, in quo divino mancipati estis obsequio, sub beati Petri et nostra protectione suscipimus et praesentis scripti privilegio communimus, statuentes ut quascumque possessiones, quaecumque bona idem monasterium in praesentiarum juste et canonice possidet, aut in futurum concessione pontificum, largitione regum vel principum, oblatione fidelium, seu aliis justis modis, Deo propitio poterit adipisci, firma vobis vestrisque successoribus et illibata permaneant. In quibus haec propriis duximus exprimenda vocabulis. In comitatu Vigintimilliensi etc.... In Arelatensi parochia..., in castro Morerii, ecclesias Sanctae Mariae et Sancti Jacobi. In Valle Balsii, ecclesiam Sancti Martini, cum parochia, et capella de castro Castellione... *Medietatem castri Sancti Remigii, turrim, capellam Sanctae Mariae, cum decimis et pertinentiis suis... etc.*...

Ego Eugenius, catholicae ecclesiae episcopus.
L. S. Ego Hugo, Ostiensis eps, ff.
Ego TT., presbyter card. ttⁱⁱ (*tituli*) Calixti ff.
Ego Hubaldus, presbyter card. ttⁱⁱ Sanctae Praxedis.
Ego Bernardus, presbyter card. ttⁱⁱ S. Clementis.
Ego Henricus, presbyter card. ttⁱⁱ SS. Nerei et Achillei.
Ego Otto, diaconus card. S. Georgii ad Velum aureum.
Ego Rodulfus, diaconus card. S. Luciae In Septa Solis.
Ego Guido, diaconus card. S. Mariae in Porticu.
Ego Joannes, diaconus card. SS. Georgii et Bacchi.

Datum signio per manum Bosonis, Sanctae Ecclesiae Romanae scriptoris vii idus aprilis, indictione xv, incarnationis Dominicae anno mcli, pontificatus vero domini Eugenii papae tertii anno viii.

(Archives du département des Bouches-du-Rhône, fonds de Montmajour.)

XIV

SENTENCE DE GEOFFROI, ÉVÊQUE D'AVIGNON, DÉLÉGUÉ PAR LE PAPE EUGÈNE III POUR STATUER SUR LES LITIGES EXISTANT ENTRE SAINT-REMI DE REIMS ET LE MONASTÈRE DE MONTMAJOUR. D'APRÈS CETTE DÉCISION, TOUT LE DROIT PAROCHIAL DU BOURG DE SAINT-REMY RESTE À L'ÉGLISE DE SAINT-MARTIN, QUI APPARTIENT AUX RÉMOIS. MONTMAJOUR EST MAINTENU DANS LA PROPRIÉTÉ DE LA CHAPELLE DE LA VIERGE, SITUÉE DANS LADITE BOURGADE.

(1153.)

Privilegium domni Gaufredi, Avenionensis episcopi, de ecclesia Sancti Martini in Provincia.

In nomine Dei eterni. Notum est tam presentibus quam futuris quod ego Gaufredus, Avenionensis ecclesię humilis minister, controversiam de parrochiale jure cujusdam villę in episcopatu Avenionensi, que inter monachos Sancti Remigii Remensis et monachos Montis Majoris diutissime agitata est, mandato domni pape Eugenii et consilio domni Durandi, Sancti Ruphi abbatis, subscripta determinatione diffinio. Mando igitur et apostolicę jussionis auctoritate confirmo ut, quemadmodum a sanctis et religiosis viris Paschali et Gelasio, Romanę sedis pontificibus, judicatum intellexi, et ab eorum successore bonę memorię viro Calixto secundo privilegiatum inveni, et a predecessore meo domno Arberto, Avinionensi episcopo, concessum audivi, id inconvulsum et, ut dignum est, in sua integritate permanens, firmum habeatur : ut videlicet, juxta prediclorum patrum decisionem, totum jus parrochiale predictę villę Sancti Remigii ecclesię Sancti Martini quę sub jurisditione Remensium est, in pace et quiete remaneat, et perpetuo in integrum conservetur. Si tamen mulieres a partu surgentes ad capellam monachorum Montis Majoris pro devotione gloriosę semperque virginis Marię convenerint, juxta tenorem privilegii domni pape Calixti, sua ibi persolvere vota concedimus, ita tamen ut earum et obstetricum suarum oblationes tantum recipiant et habeant. Campanam quoque plus quam semel, et tantum quod sufficiat ad excitandam familiam suam, pulsare interdicimus. Adicimus etiam, ad sopiendas utriusque partis in perpetuum controversias, ut monachi Montis Majoris in capella sua aliquem vel aliquam, nisi de familia propria, et mulieres supra memoratas, in id quod diffinitum est, ad aliquod divinum officium nec admittant nec ordinent. Et hec diffinitio facta est in presentia Stephani, canonici Sancti Rufi, quondam Viennensis archiepiscopi, et aliorum sapientum virorum, et ab abbate Montis Majoris et priore Sancti Remigii, et a quibusdam qui ibi erant utriusque partis fratribus, recepta atque laudata, anno ab incarnato Domino $M^o C^o LIII^o$, indictione I^a; quam, ut in perpetuum inviolata firmaque permaneat, sigilli nostri signo signamus et roboramus. Testes diffinitionis hujus sunt : Guillelmus Barreria, sacrista Sancti Pauli. Guillelmus Laugerii, jurisperitus. Guillelmus de Laurata, canonicus Sancti Rufi. Mainardus et Milo, monachi Sancti Remigii. Bertramnus de Misone. Raimundus Rotbaldi. Gaufredus Rotbaldi. Rainaldus. Hugo Roberti. Boamundus.

(Arch. de Reims, fonds de l'abbaye de Saint-Remi, Cartulaire C (XIII° siècle), fol. 43.)

XV

BULLE DU PAPE ALEXANDRE III, QUI SANCTIONNE LA SENTENCE RENDUE, EN 1153, PAR L'ÉVÊQUE D'AVIGNON GEOFFROI, SUR LE LITIGE EXISTANT ENTRE LES ABBAYES DE MONTMAJOUR ET DE SAINT-REMI DE REIMS [1].

(11 avril 1160-1181 [2].)

Privilegium domni Alexandri pape III de confirmatione ecclesię Sancti Remigii in Provincia.

Alexander episcopus, servus servorum Dei, dilectis filiis abbati et fratribus Sancti Remigii, salutem et apostolicam benedictionem. Ea que judicio sunt vel compositione amicabili terminata, rata debent et firma consistere; et ne recidivum contentionis possint incurrere, ipsa nos convenit auctoritatis nostrę munimine roborare. Accepimus autem et ex autentico scripto venerabilis fratris nostri G. [3], Avinionensis episcopi, cognovimus quod, cum inter vos et monachos Montis Majoris, in Avinionensi episcopatu morantes, super jure parrochiali cujusdam villę questio verteretur, tandem ab eodem G., cui sanctę recordationis pater et predecessor noster Eugenius papa causam ipsam commiserat, hoc modo fuit de assensu partium terminata : ut videlicet totum jus parrochiale memoratę villę Sancti Remigii ecclesię Sancti Martini, quę sub jurisditione Remensium est, in pace et quiete remaneat, et perpetuo in integrum conservetur. Si tamen mulieres a partu surgentes ad capellam monachorum Montis (*sic*), pro devotione gloriose semperque virginis Marie convenerint, juxta tenorem privilegii pię recordationis Calixti pape, sua ibi persolvere vota debeant, ita tamen ut tantum earum et obstetricum suarum oblationes predicti monachi percipiant. Campanam quoque plus quam semel et tantum quod sufficiat ad excitandam familiam suam, interdixit pulsare. Adjecit etiam predictus G. ad sopiendas utriusque partis in perpetuum controversias, ut monachi Montis Majoris in capella sua aliquem vel aliquam, nisi de familia propria, et mulieres supra memoratas, secundum quod diffinitum est, ad aliquod divinum officium nec ordinent nec admittant. Quam utique compositionem, sicut in autentico scripto sepedicti

---

[1] Voir ci-dessus n° XIV, la sentence de l'évêque d'Avignon.

[2] Le pontificat d'Alexandre a commencé au mois d'*août 1159*; sa mort est survenue au mois d'*août 1181*.

[3] Gaufredus.

episcopi continetur et hucusque noscitur observata, auctoritate apostolica confirmamus et presentis scripti patrocinio communimus. Nulli ergo omnino hominum liceat hanc paginam nostrę confirmationis infringere, vel ei aliquatenus contraire. Si quis autem hoc attemptare pre[sump]serit, indignationem omnipotentis Dei et Beatorum Petri et Pauli apostolorum ejus se noverit incursurum. Datum Anagnie, IIII° idus aprilis.

(Arch. de Reims, fonds de Saint-Remi, cartul. B, fol. 17-18.)

XVI

REMI, CHAPELAIN DU PRIEURÉ DE SAINT-REMY, DONNE À L'ABBAYE DE SAINT-REMI DE REIMS CE QU'IL POSSÈDE DANS LA BOURGADE PROVENÇALE ET SUR SON TERRITOIRE. IL STIPULE, EN OUTRE, QUE LE PRIEUR DE SAINT-REMY PAIERA À LADITE ABBAYE UNE REDEVANCE ANNUELLE D'UN MARC D'ARGENT.

(Septembre 1221.)

Carta Remigii capellani, de dono quod contulit ecclesie Sancti Remigii Remensis marcham argenti, quam debet reddere prior de Provincia conventui nostro.

Notum sit omnibus tam presentibus quam futuris quod, anno Domini millesimo ducentesimo XXI°, mense septembri, ego Remigius, capellanus ville Sancti Remigii, cogitans quam sint transitoria bona hujus seculi atque facile peritura, quamque felicia gaudia futuri seculi sine fine duratura, rememorans quoque me in servitio monasterii Sancti Remigii diu coaluisse, ut ad illos redeant beneficia per gratiam a quibus processerunt, dono, laudo et concedo in perpetuum, in mea bona memoria et corporis incolumitate, mera ac spontanea voluntate, titulo perfecte donationis inter vivos, Deo et Sancto Remigio, et per te N., prior ville Sancti Remigii in Provincia site, monasterio Sancti Remigii Remensis et fratribus ibidem presentibus et futuris in perpetuum, adquisitionem quam de meo proprio adquisivi in ipsa villa Sancti Remigii et ejus territorio, ad tenendam et habendam et repetendam adquisitionem illam, ita ut in vos transeat omne jus et omne dominium et omnis actio, que in totam et ejus quamlibet partem michi competit aut posset competere, ab hoc die michi antea, retento michi superfluo fructuum, tantum ad usumfructum in vita mea. Statuo itaque ut annuatim, ex fructibus inde proventuris, statim per manum prioris Sancti Remigii in Provincia, qui pro tempore fuerit, marcham argenti[1] boni, fini et legitimi [2], ex primis futuris messibus in avena, videlicet annuatim in capite jejunii, conventui Sancti Remigii ad refectionem conventus in vino et piscibus persolvatur, die statute donationis hujus; et conventus totaliter, et singulariter quivis sacerdos, pro anima mea et parentum meorum, exequias faciant celebres more consueto in ipso monasterio. Superfluum vero fructuum adquisitionis memorate apud me omnibus diebus vite mee remaneat, donec aliter disposuero; post mortem vero meam, expendatur in exequiis similiter faciendis eodem die in ecclesia Sancti Remigii in Provincia, et in procuratione fratrum et refectione pauperum, pro modo et facultate fructuum et dispositione prioris loci ejusdem, bona fide et sine fraude; sicque omnium orationum et beneficiorum sancti monasterii, tam in capite quam in membris simus, ego Remigius et parentes mei, participes in perpetuum ad vitam eternam. Amen. Preterea, ego Remigius predictus precor domnum abbatem et capitulum ut detis in mandatis priori presenti, tam per se quam per successores suos, ut super possessionibus predictis nullam molestiam vel gravamen michi inferant, quamdiu vixero, et hoc vestris litteris confirmetur, si placet.

(Ms. original. Archives de Reims, fonds de Saint-Remi, cartulaire C (xɪɪɪ° siècle), fol. 32 et 33.)

NOTE SUR LA VALEUR DE LA *MARCHA ARGENTI* MENTIONNÉE DANS LA CHARTE CI-DESSUS.

La valeur du *marc d'argent* a varié, en France, suivant les époques et suivant les pays. D'après une addition des Bénédictins au *Glossaire* de Du Cange, il y en avait, au xɪɪɪ° et au xɪv° siècle, quatre espèces différentes, savoir: la *marca Trecensis* (de Troyes), la *m. Lemovicensis* (de Limoges), la *m. Turonensis* (de Tours) et la *m. Rupellensis sive Anglicana* (de La Rochelle ou d'Angleterre).

Le marc de Troyes, qui fut le plus usité par toute l'Europe, à cause de l'emploi qu'on en faisait dans les célèbres foires de Champagne[3], valait 14 sous,

---

[1] A partir de cet endroit, le texte présente diverses interversions; nous les avons rectifiées d'après les indications qui nous ont été fournies par M. L. Demaison, le savant archiviste de la ville de Reims.

[2] Voir, à la suite du texte de cette charte, notre note sur la valeur de la *marcha argenti*.

[3] «Nundinis Campaniæ, quibus nullæ, in Europa, celebriores et antiquiores exstiterunt.»

2 deniers sterlings; celui de Limoges valait 13 sous, 3 deniers sterlings; celui de Tours, auquel se rapportaient les monnaies des rois de France appelées *tournois*, valait 12 sous, 11 deniers sterlings; celui de La Rochelle ou d'Angleterre valait 13 sous, 4 deniers sterlings.

(*Gloss.*, édit. Didot, t. IV, voc. *Marca* seu *Marcus*, p. 271-272.)

XVII

BULLE DU PAPE JEAN XXII, QUI UNIT À L'ÉGLISE D'AVIGNON L'ÉGLISE DE SAINT-PIERRE DE SAINT-REMY, APPARTENANT AU MONASTÈRE DE MONTMAJOUR, ET CONFÈRE À CELUI-CI, À TITRE DE COMPENSATION, L'ÉGLISE DE VENTABREN, AVEC L'ÉGLISE RURALE DE SAINT-MICHEL DE LA VOÛTE.

(14 juillet 1318.)

Joannes, episcopus, servus servorum Dei, dilecto filio, abbati monasterii Montis Majoris ad Romanam ecclesiam nullo medi pertinentis, ordinis sancti Benedicti, Arelatensis diocesis, salutem et apostolicam benedictionem. Apostolicæ sedis circumspecta benignitas, super omnes ecclesias plenitudinem obtinens potestatis, de illis disponit et ordinat prout, considerata locorum conditione et commoditate dictarum ecclesiarum, salubrius cognoverit expedire. Cum itaque dudum ecclesiam Sancti Petri de Sancto Remigio, Avinionensis diocesis, tunc monasterio tuo immediate subjectam et ad usum camerarie officii ejusdem monasterii deputatam, certis ex causis rationabilibus predicto officio adimentes, ipsam Avenionensi ecclesie in perpetuum duxerimus uniendam. Ne cameraria predicta, propter ademptionem ejusdem ecclesie, perferre cogatur gravia detrimenta, nos, hiis supplicationibus inclinati, in recompensationem ejusdem ecclesie adempte officio prelibato, (ecclesiam) de Ventabreno, cum rurali ecclesia Sancti Michaelis de Vouta in qua dicta ecclesia de Ventabreno jus obtinet patronatus, *etc.* Ita quod cedentibus vel decedentibus rectoribus earundem, tu vel successores tui, abbates dicti monasterii qui erunt pro tempore, nomine ipsius camerarie predicte et ad opus ipsius, per vos vel per alium seu alios, possessionem earum possitis, auctoritate propria, libere ingredi, apprehendere et tenere, diocesani loci vel alterius superioris super hoc licentia minime requisita; ac camerarius ejusdem monasterii qui est et erit pro tempore, in eisdem possit cum suis monachis et familia residere, sicut residebat in dicta ecclesia Sancti

Petri, providendo de ipsorum redditibus conventui dicti monasterii de vestiario, sicut hactenus extitit consuetum, nonobstantibus *etc*. Datum Avinione, pridie idus julii, pontificatus nostri anno secundo.

Joannes pp. XXII.

(Archives des Bouches-du-Rhône; copie ms. de Dom Chantelou, classée à l'année 1318.)

XVIII

EXTRAITS D'UN MANDEMENT DE CHARLES, FRÈRE DU ROI LOUIS III, COMTE DE PROVENCE, ET SON LIEUTENANT GÉNÉRAL DANS CE COMTÉ, QUI AUTORISE L'APPLICATION, DURANT QUATRE ANNÉES, D'UNE DÉCISION DES SYNDICS ET DU CONSEIL DE LA VILLE DE SAINT-REMY, IMPOSANT À SES HABITANTS DIVERSES TAXES ET CONTRIBUTIONS, EN VUE DE TRAVAUX DE RÉPARATION ET DE RÉFECTION DE SES FORTIFICATIONS ET DE SES PONTS.

(20 avril 1429.)

Karolus, domini Ludovici tercii, Jherusalem et Sicilie regis, Andegavis ducis, comitatumque Provincie et Forcalquerii, Cenomanie ac Pedemontis comitis, germanus ejusque..... generalis locum tenens, officiliabus curie reginalis ville Sancti Remigii..... Salutem..... Sane, pro parte devotorum fidelium *regiorum et reginalium sindicorum universitatis ville reginalis Sancti Remigii*, fuit nobis expositum quod cum reparacione et fortifficacione menium, turrium et fossatorum dicte ville, eciamque pro aliis omnibus eidem universitati incumbentibus, ipsi sindici,..... certas revas et imposiciones super blado, leguminibus, vino, carnibus, piscibus et aliis mercimoniis vendendis in dicta villa propterea indixerunt et deliberaverunt... Nos autem..... dictas revas indicendi et imponendi, ad annos quatuor a die prima mensis maii proxime futuri,..... licenciam tribuimus et donamus plenariam facultatem..... Capitula autem ipsarum revarum sunt hec :

« Segon se los capitols de alcuna imposicion facha e ordenada por *la universitat de la villa de Sant Remiche, por los senhors sindicz et conselh de la dicha universitat* et plusors altres honorables homes de la dicha villa sus aysse deputatz, per la réparacion et fortifficacion mot necessaria de roffar las muralhas et los portals et pontz de la dicha vila de Sant Remiche, laquala imposicion es esta la *consentida e autreiada*, *en public parlament*, por la plus sana et maïor partida del pobol de la dicha vila.....»

(D'après une épreuve photographique de l'acte original conservé aux Arch. de Saint-Remy de Provence, C C, 2.)

XIX

MANDEMENT DE LA REINE JEANNE, COMTESSE DE PROVENCE, DAME DE SAINT-REMY, AU SUJET DE LA TAXATION DES HABITANTS DE CETTE VILLE.

(6 avril 1487.)

Jehanne, par la grâce de Dieu, reyne de Jérusalem, de Sicille, etc., duchesse d'Anjou et de Bar, contesse de Prouvence, de Forcalquier, de Pimont (Piémont), etc., et *dame de Saint-Remy*. A nos officiers dudit lieu de Saint-Remy, et à chacun d'eulx, salut. Veue la supplication des *sindics de notre-dite ville de Saint-Remy*, atachée à ceste présente, et le contenu en icelle, vous mandons que faictes exprès commandement à maistres Jehan Bouretti (*ou* Bonretti) et Bertran Déodat, notaires de ladite ville et commissaires à la taxation et audicion de comptes et raisons à eux commise et par eulx prinse et acceptée, dont en ladite supplication est faicte mention, qu'ils aient à parfaire et acomplir leurdite commission et tauxation au solt et livre et sur les biens de tous les particuliers de ladite ville, dedans ung moys, sur peine de xxv marcs d'argent fin [1], ou qu'ils aient à restituer ce qu'ils ont eu de l'*université* (de la communauté) *de ladite ville*, à cause de ladite commission, et à y renuncer; et, en cas d'opposition, les parties ouyes et appelées brefvement et sans procès, mes seullement la vérité congneue, la cause terminent et décident ainsi qu'ils congnoistront et verront estre affaire. Donné à Marseille, le 6ᵉ jour d'avril, l'an mil cccc huitante sept.

Jehanne.

Par la Reyne: les sʳˢ Duboulay chancelier, et Jehan de la Jaille, maistre d'ostel, présents.

J. Nigon.

(D'après une épreuve photographique de l'acte original, conservé aux Archives de Saint-Remy de Provence, CC, 2.)

[1] Voir ci-dessus, à la suite de la charte de 1221 (n° XVI de l'Appendice), notre note sur la valeur de la *marcha argenti*.

XX

NOTE SUR UN ACTE DATÉ DE JANVIER 1251 (N. ST. 1252), ATTESTANT L'EXISTENCE D'UN PRIEURÉ ÉTABLI, SOUS L'INVOCATION DE SAINT REMI, AU LIEU DIT « DE ALTA-VOCE », ACTUELLEMENT « LE TAVÈS ». — CE PRIEURÉ ÉTAIT-IL UNE DÉPENDANCE DE L'ABBAYE DE SAINT-REMI DE REIMS?

Par un acte daté de janvier 1251 (n. st. 1252), qui affecte tantôt la forme d'une charte de donation, tantôt celle d'une missive, le prieur, le chantre et les autres religieux de Saint-Remi de Reims, sur la prière de Simon, prieur de la communauté de Saint-Remi d'*Altavoce* (actuellement « le Tavès »), adressèrent à celle-ci de nombreuses reliques, dont cette pièce contient l'énumération.

Voici le texte de la partie de ce titre qui nous intéresse, telle que l'ont fait imprimer les éditeurs de l'*Histoire de la ville de Reims* de D. Marlot[1]: « Universis præsentes litteras inspecturis, Henricus, prior Sancti Remigii Remensis, Johannes cantor, totusque ejusdem loci conventus, orationes in Domino salutares. Notum facimus quod nos, *ad supplicationem et petitionem dilectissimi consocii nostri Simonis, prioris, in Provincia, ecclesiæ Sancti Remigii de alta voce et ad honorem Dei omnipotentis*, et favorem ejusdem ecclesiæ necnon et ibi inhabitantium, eidem ecclesiæ transmittimus prætiosissimas sanctorum reliquias. »

Le passage que nous avons souligné a été entendu par D. Marlot et ceux qui l'ont suivi[2], dans ce sens que les mots *in Provincia, ecclesiæ Sancti Remigii* auraient désigné « le prieuré du bourg de Saint-Remy en Provence ». Les termes *de alta voce* n'auraient, dans ce système, que la valeur d'un substantif commun, précédé d'un adjectif et d'une préposition, et voudraient dire « à haute voix ».

Cette interprétation nous paraît inexacte.

Rétablissons d'abord le texte du passage dont il s'agit, tel qu'il avait été copié par D. Marlot sur l'original, malheureusement perdu depuis. Le savant archiviste de la ville de Reims, à qui nous sommes redevable d'une partie notable des documents insérés dans l'Appendice du présent mémoire,

---

[1] T. II, p. 821-822. — [2] D. Marlot, *ibid.*, p. 613. — M. Ch. Loriquet, *Triens mérov. du pays de Reims*, etc.

M. L. Demaison, nous a adressé, sur notre demande, une transcription fidèle de cet endroit du manuscrit de D. Marlot; la voici : « ...ad supplicationem et petitionem dilectissimi consocii nostri domni [1] Simeonis, prioris, in provincia, sancti Remigii de alta voce et ad honorem dei omnipotentis, etc. [2]... »

Les différences à noter entre ce texte et celui qui a été imprimé dans l'*Histoire de Reims*, semblent dénuées d'importance : on verra bientôt qu'elles offrent, au contraire, un certain intérêt dans la question.

D'après la construction de la phrase incidente qui renferme le groupe *de alta voce*, il faudrait, pour le traduire par *à haute voix*, le rattacher au début de ladite phrase « ad supplicationem etc. »; or ce début est bien trop éloigné pour permettre cette combinaison. Et d'ailleurs, une telle formule inusitée et bizarre d'une supplication *à haute voix*, de quel intérêt serait-elle ici? Et combien est-elle invraisemblable, si l'on considère que, dans le cas où la requête aurait été présentée verbalement, les reliques auraient dû naturellement être remises au requérant en personne, tandis qu'elles furent *envoyées* à la communauté, comme le prouve cette expression : *transmittimus*.

L'erreur de D. Marlot s'explique, du reste, aisément par les deux circonstances suivantes :

1° Par l'ignorance où il était de l'existence, en Provence, d'une localité et d'un territoire appelés, au XIIe siècle, *Altevocis*, au XIIIe, *Altaves*, et de nos jours, *le Tavès*[3]; 2° par l'absence de majuscule au nom de « alta voce ». L'auteur n'a pas pris garde (et l'on voit maintenant l'utilité de la transcription de M. Demaison) que, dans la même pièce, la majuscule est également absente des vocables géographiques ou autres, tels que celui de Provence, écrit *provincia*, et celui de Dieu, écrit *dei*.

En réalité, pour désigner le prieuré de Saint-Remi du Tavès, on s'est servi des mots : « ecclesia sancti Remigii de Altavoce », comme on s'est servi, à la même époque, pour désigner d'autres *ecclesiæ*, des termes suivants : « Sancti Remigii de Marcilliana », « Sancti Martini de Triola », « Sanctæ Mariæ de Ventabren », « Sancti Michaëlis de Finistella » et, plus tard, « de Vouta »[4].

---

[1] Le mot *domni* a été omis par les éditeurs de l'*Histoire de Reims*.

[2] Biblioth. de Reims, *Hist. ms. de Reims*, par D. Marlot, t. II, fol. 92, r°.

[3] Voir Appendice, n° VII, et la carte B, jointe au présent mémoire, où nous avons marqué la place de cette localité.

[4] Appendice, n°s XI et XVII.

Concluons donc qu'il s'agit, dans l'acte qui nous occupe, d'un prieuré établi sous l'invocation de saint Remi, au lieu appelé actuellement le *Tavès*.

Et maintenant une deuxième question se pose : celle de savoir si cette maison religieuse était ou non une dépendance de l'abbaye de Saint-Remi de Reims.

Les raisons en faveur de l'affirmative, adoptée, comme on l'a vu, par D. Marlot, sont : premièrement, le vocable du saint évêque de Reims; en second lieu, le don de reliques par l'abbaye rémoise et les termes affectueux dans lesquels cette libéralité est accordée par le prieur et les religieux de Reims, à la requête « de leur très cher collègue », « dilectissimi consocii ».

On peut répondre, d'une part, qu'il y avait beaucoup de prieurés, prévôtés et collégiales, reconnaissant pour leurs patrons saint Remi ou d'autres saints, et qui n'avaient pourtant aucun lien de dépendance avec les grands monastères fondés ou placés sous l'invocation de ces saints personnages. Le don de reliques et les termes affectueux qui l'accompagnent ne sont pas non plus des preuves d'une pareille dépendance.

Il y a, en outre, de sérieuses objections contre l'opinion de D. Marlot.

Dans aucun des titres et notamment des bulles où sont énumérées les possessions provençales de Saint-Remi de Reims, on ne rencontre la mention du prieuré d'*Altavoce*, ni d'aucun autre prieuré que celui du bourg de Saint-Remy. Les termes dans lesquels il est parlé de ce dernier impliquent même que les Rémois n'en possédaient pas d'autre dans cette région [1], et l'on ne peut, d'un autre côté, songer un instant à confondre avec le prieuré de Saint-Remy celui d'*Altavoce* ou du Tavès, non seulement à cause des noms différents que l'un et l'autre portaient, mais aussi à raison de la distance considérable (plus de 7 kilomètres) qui les séparait.

Il est enfin à remarquer que l'acte de 1251 (n. st. 1252) ne contient aucune des expressions généralement employées dans les instruments où les dignitaires de la maison mère s'adressaient aux religieux d'un établissement qui lui était soumis, telles que « ecclesia *nostra*, de jure *nostro* », ou « de ratione Sancti N..... ».

---

[1] Le titre donné par les Rémois à la charte du chapelain Remi, de 1221, est caractéristique : « Carta Remigii capellani, de dono quod contulit ecclesie Sancti Remigii Remensis, marcham argenti, quam debet reddere *prior de Provincia* conventui *nostro*. » (Appendice, n° XVI.)

Par ces divers motifs, nous estimons qu'il n'y a point lieu de considérer le prieuré en question comme ayant fait partie du domaine provençal de Saint-Remi de Reims.

XXI

NOTE SUR LES ANCIENNES ÉGLISES OU CHAPELLES DE SAINT-REMY.

Le passage du diplôme du roi Conrad, du 8 décembre 964, où la mention de la *villa Sancti Remigii* est accompagnée de ces mots « cum turribus et ecclesiis »[1], fait supposer que cette ville contenait alors plusieurs églises. Elle n'avait à proprement parler qu'une seule église où l'on célébrât l'office divin et où fussent administrés les sacrements : c'est l'église paroissiale, que les sentences papales du xiie siècle qualifient « ecclesia de villa Sancti Remigii » ou « ecclesia *matrix* », et qui était dédiée à saint Martin[2]. Il ne reste pas de trace de cette église, qui a été remplacée par un édifice de date récente, construit sur le plan de l'église de Notre-Dame de Lorette à Paris.

A côté de l'église paroissiale, il y avait deux « chapelles », qualifiées parfois d'églises.

L'une d'elles avait été établie dans une tour attenante à la partie méridionale de l'enceinte, par les prédécesseurs de l'évêque d'Avignon Rostan, et concédée par celui-ci aux moines de Montmajour. Le pape Calixte II (1119-1124), en rappelant ces faits, confirma les moines dans la possession de l'église, de la tour où elle avait été fondée, du portique et des cryptes y attenants[3]; elle était consacrée à la Sainte-Vierge[4] et fréquentée principalement par les femmes nouvellement accouchées et les accoucheuses, qui y venaient accomplir des vœux faits pour obtenir une heureuse délivrance. Elle fut longtemps un sujet de contestations entre les religieux de Montmajour et l'abbaye de Reims, propriétaire de l'église paroissiale, et les souverains pontifes durent intervenir fort souvent pour sauvegarder les droits parochiaux de celle-ci.

---

[1] Appendice, n° II.

[2] Voir notamment une bulle du 16 mai 1123, la sentence de l'évêque délégué, de 1153, et la bulle confirmative de cette sentence, de 1160-1181; n°[s] X, XIV et XV de l'Appendice.

[3] « Turris, cum cohaerente sibi portico et crypta inferius et superius, vobis vestrisque successoribus firmiter conserventur. » (Append., n° VIII.)

[4] N°[s] VIII, X, XIII, XIV et XV de l'Appendice.

La vieille chapelle a disparu, et M. L. Blancard, après avoir visité les lieux en compagnie d'un homme de l'art, m'a fait connaître que l'édifice actuel, placé sous le même vocable que l'ancien, et situé, comme lui, à l'extrémité sud de la ville [1], ne remonte qu'au xvie siècle ou tout au plus à la fin du xve. Il a été, pendant un certain temps, possédé par une confrérie de Pénitents [2].

La deuxième chapelle, dédiée à saint Pierre, était construite dans l'enceinte même de la ville, au nord de l'église paroissiale.

Voici en quels termes les ruines en sont décrites par M. L. Blancard, qui les a également visitées : « Elles sont enclavées dans un pâté de maisons; une partie, la plus grande, formant une véritable église, est de la fin du xiiie siècle ou du commencement du xive. On y arrive en passant sous des *voûtes à plein cintre, évidemment beaucoup plus anciennes, et qui, d'après la tradition, auraient été la chapelle primitive de Saint-Pierre.*

« L'église est aujourd'hui un atelier de forgeron. Sous les voûtes, à la hauteur de l'arc, est un plancher formant soupente; sous le plancher, des outils et des matériaux laissent à peine un étroit passage pour accéder à l'église (actuellement l'atelier de l'artisan), qui est une longue, large et haute nef à croix d'ogives, éclairée par de larges baies ogivales.

« En avant des voûtes, il y a un magasin, de construction récente, qui y donne accès, et au fond duquel, à droite, s'ouvre une porte conduisant à une autre pièce voûtée et spacieuse, qui sert de cuisine. » [3]

Au sujet du saint patron de cette vieille chapelle, qui, nous l'avons dit, était saint Pierre, il convient de noter que le vocable était *Saint-Pierre-le-Mévolier*, expression assez bizarre, dont la signification et l'origine n'ont pas encore été déterminées d'une manière satisfaisante [4].

Parmi les renseignements intéressants que nous venons de reproduire, il faut signaler cette particularité qu'une partie des ruines de la chapelle, les voûtes qui précèdent la nef, sont construites *à plein cintre*, ce qui nous au-

---

[1] On y accède, soit par le chemin de grande communication n° 9 de Saint-Remy à Maussane, soit par une petite rue qui aboutit à ce chemin. (Lettre de M. L. Blancard, du 9 juillet 1886.)
[2] *Ubi supra.*
[3] *Ubi supra.*
[4] Au siècle dernier, l'auteur d'un *Dictionnaire géographique de Provence* a cru pouvoir expliquer les mots *le Mévolier* par *intermédiaire* (c'est-à-dire entre Saint-Remy et les antiquités romaines du plateau). Mais cela ne peut convenir à une chapelle située dans la ville, au nord de l'église paroissiale, c'est-à-dire dans une position qui rend cette interprétation inadmissible, puisque les antiquités sont au sud.

torise à les faire remonter à l'ère romane primitive, laquelle s'étend, comme on sait, du v° au x° siècle. Par là se trouve confirmée la démonstration que nous avons faite, à l'aide des documents écrits, de l'origine reculée de Saint-Remy comme centre de population.

Nous devons maintenant rechercher à laquelle des deux abbayes qui se partageaient la bourgade de Saint-Remy, appartenait la chapelle de Saint-Pierre-le-Mévolier.

Dans la charte de donation d'Arbert en faveur de la communauté religieuse de Saint-Remy dépendante de Saint-Remi de Reims, charte datée de 1100, l'évêque d'Avignon lui concède l'église du bourg de Saint-Remy, *avec chapelle*, cimetière, oblations, dîmes, prémices, etc., « ecclesiam Sancti Remigii, *cum capella*, cimiterio, oblationibus, decimis, primitiis, etc. [1] ». Cette chapelle, donnée avec l'église, serait-elle la chapelle de Saint-Pierre? Nous ne le pensons pas : la chapelle ici mentionnée était, à notre avis, une dépendance immédiate de l'église, y attenante, au même titre que le cimetière.

La note écrite, au xiii° siècle, en marge du Nécrologe de l'abbaye rémoise, et qui rappelle la donation d'Arbert [2], ne parle point d'une chapelle distincte de l'église. Les bulles papales sont également muettes à cet égard [3].

Enfin, lorsque en 1318, le pape Jean XXII unit à son église d'Avignon la chapelle ou église de Saint-Pierre, « ecclesiam Sancti Petri de Sancto Remigio », il dit expressément qu'elle dépendait de Montmajour, et il cède, en compensation, à ce monastère, l'église de Ventabren, avec l'église rurale de Saint-Michel de la Voûte, « cum ecclesia rurali Sancti Michaelis de Vouta [4] ».

Il est vraisemblable que cette église ou chapelle de Saint-Pierre, qui était, en 1318, soumise à Montmajour, lui appartenait depuis le x° siècle, et qu'elle était comprise dans cette concession des églises de Saint-Remy que nous lisons dans le diplôme de 964, où le roi Conrad donne à Montmajour « villam Sancti Remigii, cum *ecclesiis* et turribus [5] ». Pour soutenir que l'église ou chapelle de Saint-Pierre était dans le domaine de Saint-Remi de Reims, il faudrait supposer qu'à une époque antérieure à 1318, elle avait passé des mains de cette grande maison religieuse dans celles de Montmajour. Or, il n'existe aucune preuve, aucun indice d'un tel changement, non plus que du fait de la possession antérieure de l'abbaye rémoise.

[1] N° V de l'Appendice. — [2] N° XII de l'Appendice. — [3] N°° X, XI, XIV et XV de l'Appendice. — [4] Appendice, n° XVII. — [5] Appendice, n° II.

Ajoutons que le monastère de Montmajour était sous l'invocation de saint Pierre, et c'est une raison de plus d'admettre comme très probable que l'église ou chapelle de Saint-Pierre-le-Mévolier était une de ses dépendances.

XXII

NOTE SUR LES RESTES DE L'AQUEDUC ROMAIN QUI, PARTANT DES PALUDS DE SAINT-REMY ET DE MOLLÈGES, ABOUTISSAIT À ARLES.

M. de Caumont a publié, en 1861, dans le *Bulletin monumental*, un article intitulé *Le grand cirque de Rome et quelques aqueducs de la Gaule*, où nous avons relevé le passage suivant :

« L'aqueduc qui alimentait autrefois la ville d'Arles, et qui, encore aujourd'hui, amène à Saint-Remy l'eau nécessaire aux besoins de ses habitants, avait sa prise établie dans les montagnes, entre la petite commune de Mollèges et Château-Lagoy.

« Cet aqueduc décrivait des circuits assez considérables, afin de suivre la direction des chaînes de montagnes, en se prolongeant sur leurs pentes, d'après le système constamment suivi par les ingénieurs gallo-romains.

« Après avoir traversé, porté sur un double rang d'arcades élevées, les bas-fonds des marais du pont de Cyan, puis les Champs-Élysées, l'aqueduc pénétrait dans la cité par un canal souterrain creusé dans le roc. Une fois arrivées dans la ville, les eaux étaient probablement reçues dans un vaste réservoir, qui, à l'aide d'un grand nombre de tuyaux de plomb, les répandait partout où il en était besoin.

« La partie la plus curieuse et la mieux conservée de l'aqueduc est celle qui se voit vers Barbégal, à 2 lieues de la ville................

« La distance parcourue par l'aqueduc peut être évaluée à 9 lieues au moins; s'il eût suivi une ligne droite, il n'aurait parcouru que 6 à 7 lieues[1]. »

Il nous a paru qu'il y avait un sérieux intérêt, au point de vue de l'archéologie nationale et en particulier des origines de la ville de Saint-Remy, à vérifier l'exactitude des renseignements contenus dans la notice précitée, rechercher les vestiges encore subsistants de l'aqueduc romain, et en déterminer, avec autant de précision que possible, le parcours et spécialement le point de passage à ou près Saint-Remy.

[1] *Bulletin monumental*, t. XXVII, p. 506-507.

Dans ce but, nous avons eu recours à l'obligeante intervention de notre savant ami M. L. Blancard, correspondant de l'Institut et archiviste en chef des Bouches-du-Rhône, dont le concours nous a été, à tant d'égards, si précieux pour la préparation du présent mémoire.

Grâce à cette intervention, des notes très détaillées nous ont été fournies par une personne de grande compétence, M. Quénin, agent-voyer de l'arrondissement d'Arles, et nous sommes en mesure de mettre sous les yeux du lecteur une nomenclature complète des points sur lesquels il existe des vestiges restés visibles de l'antique monument, et qui ont servi de jalons pour la détermination de son parcours total.

A la suite de cette étude du tracé général de l'aqueduc, se trouvent consignés les résultats d'investigations faites, sur place, au sujet du point initial du captage des eaux qui l'alimentaient.

Enfin, une carte spéciale, dressée avec grand soin par M. Quénin, et jointe au présent mémoire, permettra au lecteur de suivre, sans effort, la partie descriptive de cette notice [1].

I. — *Vestiges reconnus.*

Nous avons vu que, dans son article précité, M. de Caumont plaçait la prise d'eau de l'aqueduc romain « dans la montagne, entre Mollèges et le Château-Lagoy, ou plus exactement le château de Lagoy ».

Ces indications sont, premièrement, inexactes en ce que ni le château de Lagoy ni Mollèges ne sont dans la montagne; elles sont, en outre, inadmissibles, à raison de l'espace considérable qui sépare ces deux localités, dont l'une, le château de Lagoy, est au nord de Saint-Remy et l'autre à l'ouest. et enfin à cause de l'absence de toute trace de l'antique monument aux environs du château de Lagoy.

Voici les données exactes et précises que nous avons été mis à même de fournir à ce sujet :

1° La première trace que l'on rencontre de l'aqueduc, en allant de l'est à l'ouest, est située dans les paluds de Saint-Remy, près de la limite séparative de cette commune et des paluds et commune de Mollèges, près et au sud du chemin vicinal n° 15 dit *de Palistot*, au point où le canal du Moulin,

---

[1] Voir la carte B, qui accompagne ce mémoire; pour la rendre complète, nous n'avons eu qu'à y marquer le relief du sol et à y ajouter quelques indications topographiques.

dit *le Réal de Saint-Remy* ou seulement *le Réal*, reçoit les eaux du ravin de la Vallongne. Peu après et aux approches de Saint-Remy, l'aqueduc est couvert et en souterrain, et sert de lit au *Réal*, dont la construction remonte à cent cinquante ou deux cents ans [1].

Les autres vestiges se trouvent :

2° Au chemin dit *des Sorciers*, au nord-ouest de Saint-Remy;

3° Au château de M. Blain;

4° Près de la 6° borne kilométrique du chemin de grande communication n° 34;

5° Au mas du Grès, près de Saint-Étienne-du-Grès;

6° Sur la propriété de M. Chauffard;

7° Sur les rochers situés derrière l'église de Saint-Gabriel;

8° Vers le mas d'Abeille;

9° Au château de MM. Ambroy;

10° A travers le chemin de grande communication n° 36, vers le vallon Poissonnier;

11° A l'ancien bassin de partage, à 500 ou 600 mètres au nord-nord-ouest du château de Barbégal;

12° Au château de Barbégal;

13° Au mas de Guide, près du chemin vicinal n° 5;

14° Au cimetière d'Arles;

15° Enfin près des arènes d'Arles.

II. — *Tracé général de l'aqueduc.*

Si maintenant on relie ensemble les quinze jalons ci-dessus marqués, on obtient, comme très probable, le tracé suivant pour le parcours total de l'aqueduc romain.

Partant du point fixé au n° 1 de ces jalons, à la limite commune des paluds de Saint-Remy et de Mollèges, il suivait, en captant les eaux des ravins et d'infiltration provenant du versant septentrional des Alpines, une pente réglée à une certaine distance de ce versant, dans les territoires de

---

[1] Lettre de M. L. Blancard, du 5 mai 1891.

Saint-Remy et de Tarascon, et se développait, suivant les nombreuses sinuosités de la chaîne montagneuse comprises entre la commune de Mas-Blanc et Saint-Gabriel; il passait derrière l'ancienne église située dans ce quartier; contournait le versant ouest des Alpines jusqu'au mas d'Abeille; passait à Saint-Jean, au château de MM. Aubray; longeait les collines situées au sud de Fontvieille; passait à l'est de Saint-Victor, du mas du Grand-Clos, puis au nord de Cadenet; traversait le chemin de grande communication n° 36, vers le vallon Poissonnier; allait toucher le bassin de partage; et s'orientant alors au sud, passait au château de Barbégal, près duquel on voit encore une pile de l'aqueduc. Après avoir dépassé cet endroit, le tracé s'infléchissait vers le sud-ouest, suivait le versant ouest de la Crau et le vallon de Sainte-Marthe, passait au mas de Guide, où il suivait le bord de l'ancien chemin vicinal n° 7, et, de là, s'orientait au nord-ouest vers la ville d'Arles. Du pont de Chamet à Notre-Dame-des-Grâces, le tracé suivait l'aqueduc actuel du canal de Craponne[1], atteignait le cimetière d'Arles, et aboutissait enfin aux Arènes, près de l'église des Pénitents noirs.

III. — *Point initial de la prise d'eau de l'aqueduc.* — *Étendue de son parcours.*

Nous avons dit plus haut que le premier vestige que l'on rencontre de l'aqueduc romain est situé à l'endroit où le « Réal de Saint-Remy » reçoit les eaux du ravin de la Vallongne.

Ce ravin prend naissance à un point culminant des Alpines, au faîte de partage des versants nord et sud de la chaîne, près et à la hauteur d'un lieu situé sur le chemin de grande communication n° 33, et appelé le *Pas du Figuier*, commune d'Aureille. Ce ravin, qui descend vers le nord, traverse d'abord le chemin de grande communication n° 35 au point où il vient se relier au chemin n° 33, puis le canal des Alpines (branche septentrionale) et la route nationale n° 99 d'Aix à Montauban, et parvient, aussitôt après, au « Réal de Saint-Remy », où commençait la construction romaine.

Il y a donc toute probabilité que la prise d'eau initiale de l'aqueduc était au ravin de la Vallongne[2].

Les nombreux torrents et ruisseaux qui descendent des Alpines vers la

---

[1] Cet aqueduc paraît même avoir été établi sur l'emplacement de la construction romaine.
[2] Cette prise d'eau reçoit aussi, dans le pays, le nom de *Fontaine de Vaucluse*, et, dans le vulgaire, on la confond parfois avec celle que Pétrarque a illustrée.

plaine, entre les paluds de Saint-Remy et la petite ville de Saint-Gabriel, devaient contribuer à alimenter l'aqueduc, dont le parcours total était assurément considérable. M. de Caumont en avait évalué la longueur à 9 lieues au moins. En la mesurant depuis les premiers vestiges de ce grand ouvrage jusqu'à Arles, en tenant compte des nombreuses sinuosités qu'il présente, et en comprenant dans l'estimation la branche de captage de la source de l'Arcoule, on peut évaluer approximativement son entier développement à 42 ou 43 kilomètres, soit à 10 ou 11 de nos lieues modernes.

Ce chiffre est encore inférieur à la longueur du célèbre aqueduc romain de Fréjus, dont les ruines imposantes font l'admiration des archéologues et des architectes. Celui-ci s'étendait, suivant l'abbé Girardin, qui en a donné, en 1729, la première description, sur près « de 9 ou 10 lieues de Provence »[1], lesquelles, à cette époque, valaient 15 à 18 lieues « des environs de Paris ».

[1] *Histoire de la ville et de l'église de Fréjus.* Ce passage du livre de l'abbé Girardin est cité par M. Victor Petit dans une importante notice intitulée *Esquisses des monuments romains de Fréjus* (*Bulletin monumental*, t. XX, année 1864, p. 572).

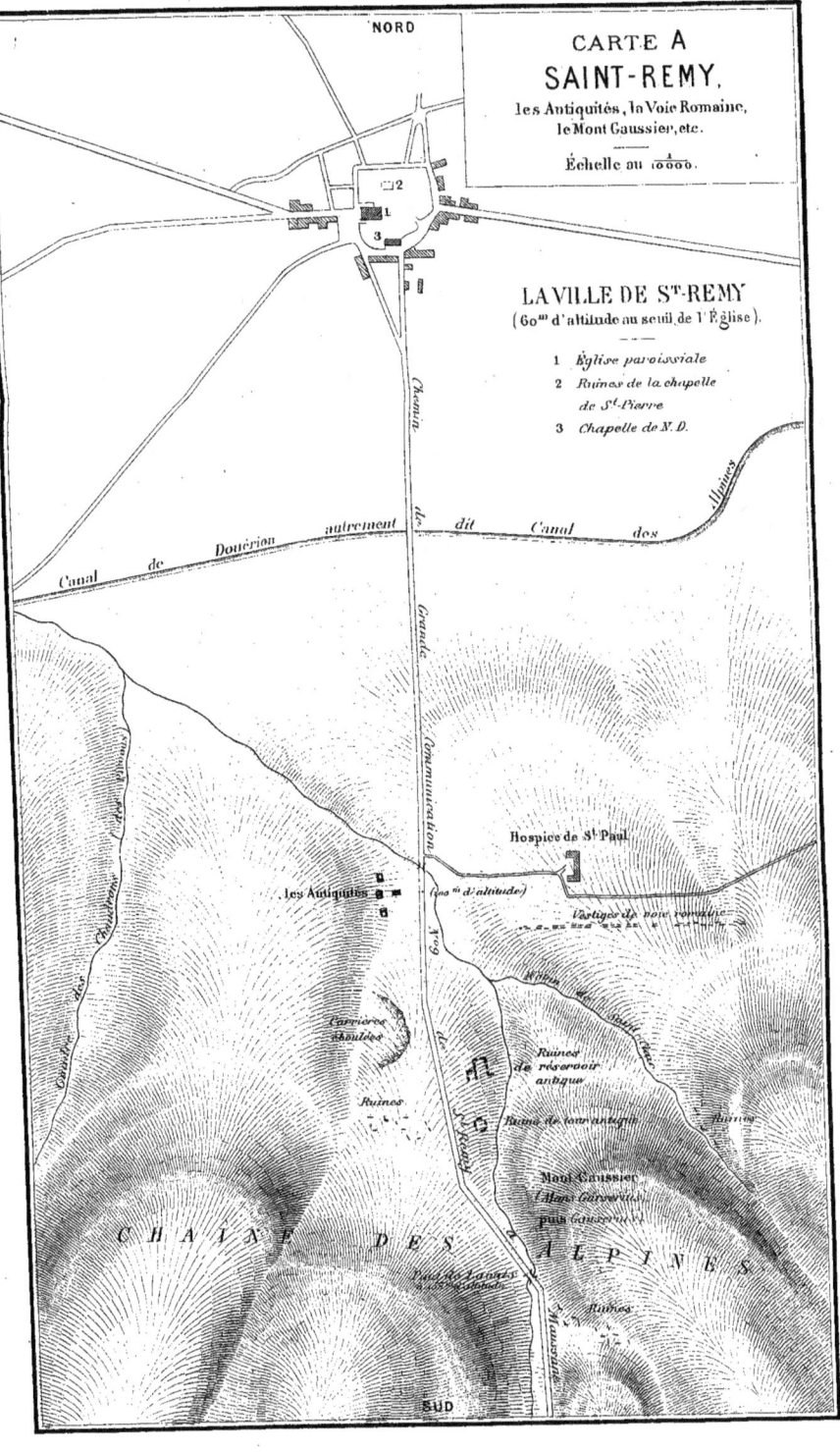

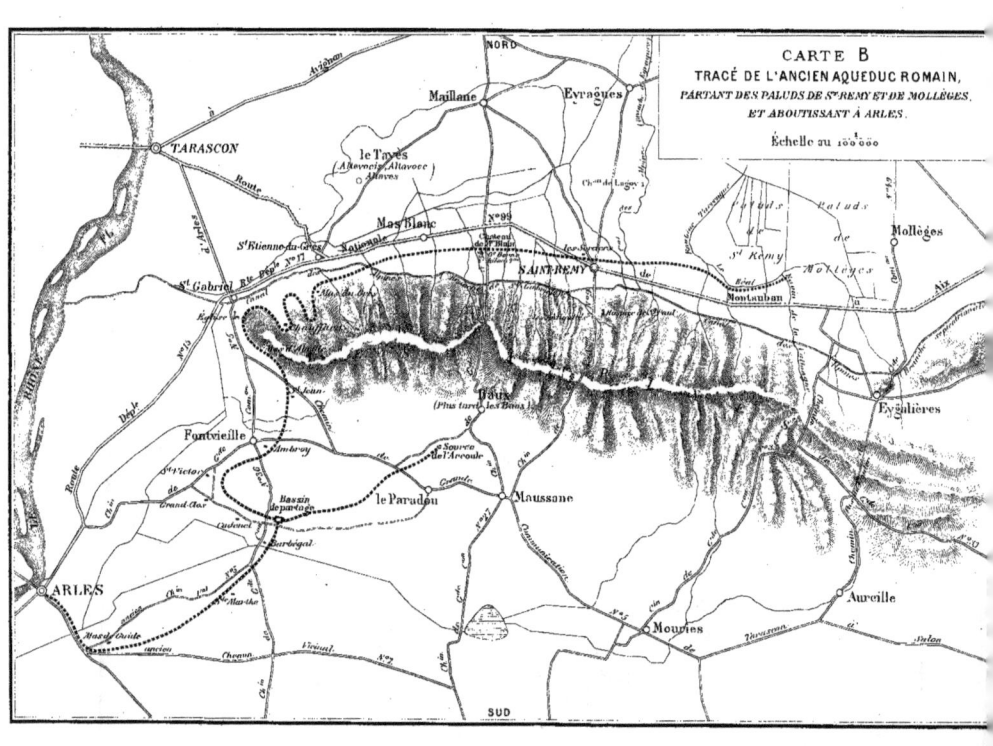

TABLE DES MATIÈRES.

CHAPITRE PREMIER.

Pages.

OBSERVATIONS PRÉLIMINAIRES. — OBJET DU MÉMOIRE...................... 53

CHAPITRE II.

SAINT-REMY DE PROVENCE SOUS LES DEUX PREMIÈRES RACES. — SES RAPPORTS AVEC L'ABBAYE DE SAINT-REMI DE REIMS............................... 56

CHAPITRE III.

SAINT-REMY DE PROVENCE AU XIIe SIÈCLE. — SES ÉGLISES ET SON PRIEURÉ........ 70

CHAPITRE IV.

SAINT-REMY ET SON PRIEURÉ DEPUIS LE MILIEU DU XIIe SIÈCLE JUSQU'EN 1331. — SON TITRE DE VILLE ROYALE ET SES INSTITUTIONS MUNICIPALES JUSQU'À LA FIN DU XVe SIÈCLE.. 79

§ 1. *Le prieuré*.. *Ibid.*

§ 2. *La ville*... 81

CHAPITRE V.

QUESTIONS D'IDENTIFICATION DE SAINT-REMY AVEC DEUX LOCALITÉS DE L'ANTIQUITÉ ET DU MOYEN ÂGE.. 86

§ 1. Saint-Remy doit-il être identifié avec une localité appelée, au moyen âge, *Freta* ou *Fretus*?........................ *Ibid.*

§ 2. Saint-Remy doit-il être identifié avec le *Glanum Livii* ou *Clanum* des anciens?.. 95

APPENDICE.

PIÈCES JUSTIFICATIVES ET NOTES.

I. Diplôme de l'empereur Louis l'Aveugle, roi de Provence, qui concède la « curtis Fretus » à l'évêque Amélius (17 septembre 903)................ 100

II.	Diplôme de Conrad le Pacifique, roi de Provence, en faveur du monastère de Montmajour (8 décembre 964).............................	103
III.	Charte de Warnérius, évêque d'Avignon, en faveur du monastère de Saint-André et Saint-Martin (6 mai 982)...........................	107
IV.	Charte de Bertrand de Vénasque, de son épouse et de ses fils, en faveur du monastère de Saint-Pierre et Saint-André (avril 1080)...............	108
V.	Charte d'Arbert, évêque d'Avignon, portant concession de l'église paroissiale du bourg de Saint-Remy (1100).............................	110
VI.	Charte de Guillaume de Baux, en faveur de la collégiale de Saint-Paul (1104)..	111
VII.	Charte de Rostan, de ses frères et de sa mère, en faveur de l'église de Saint-Paul du Mausolée (première moitié du XIIe siècle).............	112
VIII.	Bulle du pape Calixte II, en faveur du monastère de Montmajour (1119-1124)..	115
IX.	Autre bulle du pape Calixte II, en faveur du monastère de Montmajour (9 avril 1123)...	116
X.	Sentence du pape Calixte II, en faveur de Saint-Remi de Reims (16 mai 1123)...	117
XI.	Extraits de quatre bulles des papes Calixte II (10 novembre 1119), Honorius II (14 décembre 1126), Eugène III (14 décembre 1145), et Adrien IV (19 décembre 1154)................................	119
XII.	Extrait du Nécrologe de Saint-Remi de Reims (XIIe siècle):..........	120
XIII.	Bulle du pape Eugène III, en faveur du monastère de Montmajour (7 avril 1152)..	121
XIV.	Sentence de Geoffroi, évêque d'Avignon, délégué par le pape Eugène III pour statuer sur les litiges existant entre l'abbaye de Saint-Remi de Reims et celle de Montmajour (1153)................................	122
XV.	Bulle du pape Alexandre III, qui sanctionne la sentence de l'évêque Geoffroi (1160-1181)...	124
XVI.	Charte de Remi, chapelain de Saint-Remy de Provence, en faveur de Saint-Remi de Reims (1221).......................................	125
XVII.	Bulle du pape Jean XXII, qui unit à son église d'Avignon l'église de Saint-Pierre, située à Saint-Remy et dépendante du monastère de Montmajour (1318)...	127

		Pages.
XVIII.	Extraits d'un mandement de Charles, frère et lieutenant général du roi Louis III, comte de Provence, qui autorise la perception de taxes et contributions imposées à la ville de Saint-Remy par décision de ses syndics et conseil, pour la réparation et la réfection de ses fortifications et de ses ponts (20 avril 1429).................................	128
XIX.	Mandement de la reine Jeanne, comtesse de Provence, dame de Saint-Remy, au sujet de la taxation des habitants de cette ville (6 avril 1487)....	129
XX.	Note sur un acte du mois de janvier 1251 (n. st. 1252), attestant l'existence d'un prieuré sous le vocable de saint Remi, au lieu dit Altavoce, actuellement « le Tavès ».............................	130
XXI.	Note sur les anciennes églises ou chapelles de Saint-Remy............	133
XXII.	Note sur les restes de l'aqueduc romain, qui, partant des paluds de Saint-Remy et de Mollèges, aboutissait à Arles........................	136

CARTES.

Carte A. Saint-Remy, les antiquités, la voie romaine, le mont Gaussier, etc.

Carte B. Tracé de l'ancien aqueduc romain, partant des paluds de Saint-Remy et de Mollèges, et aboutissant à Arles.

www.ingramcontent.com/pod-product-compliance
Lightning Source LLC
Chambersburg PA
CBHW070310100426
42743CB00011B/2425